心理调控对武术运动员心境的影响研究

李　华　著

中国矿业大学出版社
·徐州·

内 容 提 要

本书以参加某次城运会的四名武术套路运动员心理干预介入后其心境、应对方式、训练质量、比赛成绩的改善情况为案例，详细介绍了心理测量方法、心理训练方法、生物反馈测量方法以及社会评估等一整套心理调控方案。该书专业背景性强，有较强的应用性，可供武术运动员、教练员、心理服务工作者、心理学爱好者参考。

图书在版编目(CIP)数据

心理调控对武术运动员心境的影响研究 / 李华著. —徐州：中国矿业大学出版社，2019.12

ISBN 978-7-5646-4486-4

Ⅰ. ①心… Ⅱ. ①李… Ⅲ. ①心理调节—影响—竞技体育—运动员—心境—研究 Ⅳ. ①G804.87

中国版本图书馆 CIP 数据核字(2019)第144100号

书　　名　心理调控对武术运动员心境的影响研究
著　　者　李　华
责任编辑　杨　洋
出版发行　中国矿业大学出版社有限责任公司
（江苏省徐州市解放南路　邮编 221008）
营销热线　(0516)83884103　83885105
出版服务　(0516)83995789　83884920
网　　址　http://www.cumtp.com　**E-mail**:cumtpvip@cumtp.com
印　　刷　江苏凤凰数码印务有限公司
开　　本　787 mm×960 mm　1/16　**印张** 6.25　**字数** 120 千字
版次印次　2019 年 12 月第 1 版　2019 年 12 月第 1 次印刷
定　　价　36.00 元
（图书出现印装质量问题，本社负责调换）

前　言

本研究采用心理学研究中的小样本范式，通过设计一种非共时、多基线水平的单被试实验来考察心理调控介入后四名武术套路运动员训练中的竞技状态是否有所改善，并提出实验假设：第一，通过心理调控，四名队员训练中的心境得到改善；第二，通过心理调控，四名队员训练和比赛中的应对方式得到改善；第三，心理调控促进心境和应对方式的改善，四名队员的训练质量进而也得到提高；第四，心理调控促进心境和应对方式的改善以及训练质量的提高，四名队员的竞技成绩也得到提高。

来自“视觉化检验”方法的数据分析结果表明，四名队员在心境变化上的共同趋势是得分降低，即心境得到改善。从心理调控介入前后应对方式变化的结果来看，两位队员改善明显，心理调控介入后的应对方式产生了显著性变化，9个应对因子分值全部向积极性方面上升，而另外两位队员虽有1～2个应对因子与实验中测有重复点或交叉点，改善程度相对不及另外两名队员，但仍然有很大程度的改善，因此心理调控对运动员应对方式的改善有显著效果。在训练质量上，四名运动员无论是个人情况的改变，还是跨运动员的一致性趋势，得分均升高，即训练质量提高。社会效度评价的数据分析表明，运动员与教练员对心理调控的效果均给予了积极肯定。多参数生物反馈仪的测试显示，有两位被测试运动员的心理放松程度非常高，而其他两位被测试运动员仅是有点放松而且有点疲劳，这与心境状态测试结果相一致，即从生物反馈的角度证明了心境测量的准确性。这些研究结果均对本研究提出的四个假设给予了证实。

研究结果还表明，应对方式的改善程度与比赛成绩的提高幅度是相一致的，但心境的改善程度并不总是与训练质量的提高幅度以及比赛成绩的提高幅度相一致。

作者

2019年9月

目　　录

第1章　绪　　论

竞技运动心理状态是当今高水平体育比赛中最受关注的话题。当运动员处于良好的竞技状态时，其注意力十分集中，完全沉浸在所完成的任务中，精力充沛，感觉良好，在这种状态下运动员一般会正常或超常发挥。当然这是运动队所有成员最期望发生的情况，但据教练员及运动员反映：在赛场上，大部分运动员总是会出现这样或那样的问题，最明显的表现就是他们因过度紧张而产生的大脑一片空白、心虚腿发软、尿频等一系列问题，导致在赛场上出现各种失误，不能发挥出其平时的训练水平，令人深感惋惜。这种现象总是重复出现，许多优秀运动员因此与冠军失之交臂，而且教练员和运动员在面临这些问题时总是显得无可奈何。有人对奥运会和各大洲田径、游泳比赛的一些冠军进行了统计，发现其中只有15％～20％的运动员在比赛中表现出了自己的最高成绩，而80％～85％的人都低于自己平时的最高水平。显然，成功地调节和保持运动员的最佳竞技状态已成为一个需要解决的普遍问题。

之所以出现这种现象，一方面是由竞技体育的特性造成的，另一方面表明运动员缺乏良好的心理状态。众所周知，高水平竞技体育的特性是竞争激烈，而且竞技水平越高，竞争越激烈，运动员的心理压力就越大，暴露的心理问题就越多。

武术虽然作为一种表演类运动项目，但自从列入竞技比赛项目后，和其他项目一样面临同样的运动心理问题，即怎样使运动员以最佳的竞技状态上场，正常或超常发挥。面临即将到来的大赛，武术运动员的心理压力会逐渐增加，甚至会超出他们的心理承受极限，从而产生一系列的生理、心理、行为问题。武术属于难美类运动项目，以套路运动形式为主，要求手、眼、身、法、步高度协调，神形兼备，内外合一。在一分多钟的时间内要按严格的技术规范完成由几十个动作组成，具有动静起伏、快慢相间、刚柔相济、转折顿挫等明显节奏和韵律的套路，而且做难度动作往往都是在一念之间，因而对运动员的肌肉运动感觉、动作表象、时空知觉、运动记忆及思维能力等都有较高的要求[1]。武术运动员在此种情况下，如果没有稳定的竞技心理状态，就会出现重大失误，赛场上与平时训练判若两人。

运动员缺乏良好的心理状态也有一定的原因。运动心理学家把运动心理状态分为三种水平：异常状态、正常状态和超常状态[2]。一般正常人都具有一种正常的心理状态，但作为一名优秀运动员，仅具备常人所具有的正常心理状态是不能在强手如林的激烈竞争中独领风骚而取得成功的。优秀运动员不仅要具有超常的体能和极少数人才能掌握的高难度动作，更重要的是还要具备超常的运动心理能力，才能在竞争激烈的赛场上，在心理负荷处于高压之下保持一种特殊的竞技心理状态，保证自己技术、战术水平的正常发挥。运动员每天都是在教练员的指导下进行技术训练，训练水平每段时间甚至是每天都有增长；但心理能力方面，运动员的心理能力和技术、战术能力一样受后天环境和心理训练的影响，通过训练获得并增强。运动心理技能的训练也应遵循一般技能训练的规律，必须坚持长期、系统的训练才能获得显著效果[1]。运动员的心理训练不仅要在运动场上进行，还要深入到日常生活中。一方面，多次的比赛使运动员心理越来越趋于成熟；另一方面，教练员的心理训练也可以使运动员的心理变得成熟，当然心理的成熟还来自自然成长。因此综合这几方面来看，比赛次数相对较少，教练员的心理训练也相对较少，从而运动员心理的自然成长也较慢。因此根据正常的训练模式，运动员的心理能力一般是不能正常跟上技术能力发展的。一旦心理能力落后于技术能力太多，运动员就不能在赛场上正常发挥自己的技能水平。越是高水平运动员越需要加强心理调控，武术套路运动员也是如此。

那么，如何有效地对运动员进行心理调控，使运动员以最佳的竞技状态上场，成为教练员大赛前面临的最棘手问题之一。而在平时训练的过程中面对武术运动员诸多的心理问题时，教练员也显得非常无助，比如运动员不能尽心尽力地训练、注意力不能集中、人际关系不好、自信心不足、意志力不强等，这些都属于运动心理学解决的问题。

本书以参加 2007 年第六届全国城市运动会武术套路个人项目决赛的四名运动员为研究对象，从预赛开始对运动员实施心理调控。并假设：通过对个体进行系统的心理调控，能够改善训练中当事人的心境和应对方式，提高其训练质量。

第2章 研究现状

2.1 有关心理调控方面的研究现状

2.1.1 国内外心理调控研究概况

目前，世界上对运动心理训练研究比较先进的是美国、德国、加拿大、意大利、日本、俄罗斯和东欧一些国家[2-6]。从20世纪80年代起，学者就开始与教练员密切配合，对运动员进行系统的心理训练研究，把运动心理训练作为一项系统工程纳入整个训练计划之中，并保证经常化、系统化实施，其效果十分显著。美国十分重视发挥运动心理训练的作用，2000年7月28日《参考消息》载：参加1996年亚特兰大奥运会的美国代表团所聘请的运动心理学专家近百人，美国应用运动心理学家席罗·辛格尔主编的《运动心理学研究手册》对世界各国运动心理训练的理论研究和应用产生了极为重要的影响。澳大利亚为迎接2000年第27届奥运会，从1995年就开始筹划运动队的心理训练工作，首先派4位运动心理学专家跟踪几个主要项目参加第26届奥运会的比赛，以便更加熟悉奥运会项目比赛的特点和积累赛前心理训练及临场心理咨询的经验。同时，还以重金从国外招聘有经验的运动心理学专家加盟澳大利亚心理学专家队伍，选派7～8位心理学专家从1996年初开始筹划运动队的心理训练的服务事宜，一直跟踪到第27届悉尼奥运会，可见澳大利亚对运动心理训练高度重视。

而亚洲方面，据不完全统计，活跃在2006年多哈亚运会赛场上的部分国家或地区运动心理学专家的情况见表2-1。

表 2-1 运动心理学专家随队前往多哈亚运会现场的情况统计

国家或地区	人数	负责项目
韩国	2 名	射箭、击剑等
马来西亚	2 名	羽毛球、保龄球、体操、武术、曲棍球、田径等
中国台北	4 名	棒球、软式网球、跆拳道、乒乓球、射箭、台球等
中国香港	2 名	乒乓球、羽毛球、自行车、保龄球、帆板、击剑、铁人三项等
新加坡	2 名	射击、乒乓球、保龄球、帆船等
菲律宾	1 名	射击、保龄球等
卡塔尔	2 名	足球、田径等

我国对运动心理训练的研究从 20 世纪 80 年代初开始，虽然起步较晚但发展很快，国家体育总局体育科学研究所等一些体育科研机构组织了运动心理学研究室，体育院校开始讲授运动心理学课程。1980 年成立的中国体育科学学会运动心理学专业委员会迄今已拥有会员 400 多名，涌现出刘淑慧教授、丁雪琴研究员、张忠秋博士等一批著名的运动心理学专家。经过 30 多年的实践，他们消除了运动员在训练和比赛过程中的心理障碍，同时积累了丰富的经验，得到了教练员和运动员的普遍认可。

目前我国高水平运动员的心理训练研究已发展到一个新的阶段，特别是在为奥运会、世界锦标赛、世界杯和亚运会等国际大赛直接服务的过程中，我国运动心理学工作者长期深入国家击剑、射箭、体操、跳水、乒乓球、帆船、皮划艇、游泳及田径等运动队进行跟踪服务，根据不同项目的心理训练特点，采用了一系列心理调控方法和措施，有计划性地进行心理训练，使运动员较快地掌握心理训练方法，消除心理障碍，为运动员在国际比赛中达到最佳竞技状态提供了保证，并取得了可喜的成绩。

2.1.2 国内外运动心理训练的发展方向

根据文献[3-9]可以总结出目前国内外心理训练的发展方向：更加重视持续跟踪、专门化和系统性的应用研究；更加强调心理能力的增强而不仅限于心理障碍的克服；更多地启发优秀运动员的自我意识与自我思维；更多地采用现代化的科学仪器。

2.1.2.1 更加重视持续跟踪、专业化和系统性的应用研究

运动心理训练不是魔术，那些指望采用心理训练的方法就一学就会、一会就用、一用就灵、立竿见影等急于求成的想法是不切实际的，也是不科学的。任何一项运动心理调控技术，必须通过反复且系统的训练才能掌握，从而在比赛的关键时刻发挥其效力。实践表明，运动员的心理素质、技术能力、战术能力、身体能力一样受环境和心理训练的影响，通过训练获得和增强。运动心理技能的训练也应遵循一般技能训练的规律，必须坚持长期且系统的训练才能获得显著效果。

2.1.2.2 更加强调心理能力的增强而不仅限于心理障碍的克服

心理能力主要是指一定心理结构中对一系列信息加工、处理、整合表现出来的心理特征。心理能力是由许多因素构成的复合体，是一个运动员心理素质的综合指标。运动心理训练的最终目的是增强运动员的运动心理能力，而不是消极地去克服已经出现的运动心理障碍。

如果等运动员出现了运动心理障碍时再来找心理专家寻求帮助，往往已失去比赛中获得成功的机会。最有效的做法是采用各种方法防患于未然，以增强运动员运动心理能力为目标，预先教会运动员掌握运动心理调控的方法，并通过长期且系统的运动心理训练使他们具备足够的自我调控能力。

2.1.2.3 更多地启发优秀运动员的自我意识与自我思维

人类的高度智慧都源于思维，虽然人类都具有相对完善的思维过程，然而每个人的思维能力主要还是靠后天培养和受生活环境的影响，尤其是思维灵活性、独立性、创造性和流畅性等，均有着明显的个体差异。运动员的思维过程不仅与动作技能的形成有密切联系，而且直接影响情绪状态。清晰的思维能力对运动员在比赛中战术、技术水平的发挥起着至关重要的作用。

美国运动心理学家马汀斯对运动员进行心理训练的研究表明：大多数优秀运动员不但参与训练的独立性强，而且独立思维能力也很突出。很多的运动心理学家常常教运动员怎样进行积极思维，怎样向负性思维挑战，怎样运用理性思维以及及时中止消极思维的蔓延等。苏联体操队的运动心理学家专门设计了一套思维强化正确的动作表象过程（国内简称行为程序），即在比赛前

制订比赛前、比赛中以及每一单项比赛后都应当怎样想、想什么，这样运动员的思维控制在一个合理的程序之中，不仅有利于行为的程序化，而且可以有效地防止外界干扰因素，使运动员比赛时的情绪更加稳定，意识更加清醒。世界上越来越多的心理学家都将思维能力训练与认知调节训练结合起来实施[1]。可以看出启发优秀运动员的自我意识与自我思维是运动心理训练内容的重点。

2.1.2.4 更多地采用现代化的科学仪器

生物反馈技术的应用在世界各国十分流行，不仅在医学界作为治疗手段用来医治各种精神性疾病，竞技体育界也开始采用生物反馈技术作为运动员心理训练的有效手段。采用现代化的科学仪器进行的生物反馈训练具有调节情绪状态、消除过度紧张和改善机体各器官系统机能的作用，而且还有助于提高运动员感知能力，加速运动技能的形成，使技术动作更加协调和熟练。加拿大思维技术研究中心生产的计算生物反馈测试分析系统，已被越来越多的国家用于对运动员进行心理训练。这套仪器精确度高、体积小，配备一台笔记本电脑就可以跟随运动员到比赛现场，随时提供运动员生理、心理等方面的变化信息，及时帮助运动员调节情绪状态。目前越来越多的科学仪器设备出现在运动心理训练中，更多地采用现代化的科学仪器进行运动心理训练是一个必然趋势。

2.1.3 武术项目心理调控的研究概况

目前，关于运动员心理调控的研究很多而且逐步深入，但对武术运动员心理调控方面的研究尚不多见。

相关研究表明，武术运动员的成绩不仅取决于临场技术、战术的发挥水平，而且取决于赛前情绪与心理准备的程度。心理学家对武术运动员赛前情绪状态进行了分析，并建议从认知调整、情绪调节、放松训练、生理、心理、个性、训练负荷等方面进行赛前心理准备和状态的调节[2,10-23]。有关对竞技武术套路运动员赛前心理训练的研究表明，应根据项目的特点，对不同的运动员，在不同的情景下，根据不同的训练、比赛任务进行具有针对性的心理训练[10]。有研究者建议对高水平武术套路运动员进行直接的心理训练，即行为程序[24]。相关学者通过实验研究证明了进行适宜的心理训练可有效缩短运动训练周期，显著提高武术运动员的比赛成绩[12]。

综上所述，武术项目的心理调控大致可分为两种：一种是众所周知的一般心理技能训练方法的应用；另一种是对照实验性质的某种心理训练模式的应用。两种训练模式都有一定的弊端：第一种模式不能很好地结合武术项目特征，缺乏心理训练的针对性；第二种模式涉及心理学中伦理方面的问题。

在总结了前人研究的基础上，本书研究采用非共时、多基线水平的单被试实验设计模式，结合武术运动项目特点进行心理干预，有效回避了上述不足之处，该方法在第 4 章进一步解释。

2.2 关于心境方面的研究现状

2.2.1 心境的概念

心境是指一种微弱持久的情绪状态，强度与持续时间变化，通常涉及一种以上的情绪[25]。心境被认为是个体在某一特定时刻的情绪或情感状态[26]。该定义包含一种累积的概念，即对生活事件的一组情绪反应组合成为一种情绪倾向，它会保持，直到被另外的生活事件逐渐或突然改变。

心境状态可分为两个维度：评价性维度和激活性维度，前者与个体的认知评价有关，后者与个体的激活水平有关[27]。目前普遍认为主观体验的良好身心状态可分为状态的、特质的和过程的三个方面，其中心境被认为是其状态的方面[28]。心境没有一般情绪那么强烈，也没有固定的目标，而是个体的评价性体验。个体良好身心状态体验的特质方面是指心境状态的跨时间的平均水平，是个体最频繁体验到的心境状态，其过程方面则是指心境状态跨时间的变化性，个体倾向于把他们心境状态的水平维持在稳定的特质水平上，这一过程被称为心境的动力平衡模型，而这一模型需要具备两种机制——平衡机制和失衡机制。

有关的研究已得出一些结论：非竞争性的锻炼类活动具有心境的双向调节功能，将负性心境或过高的良性心境维持在中间水平上，即平衡机制。而具有竞争性和存在胜负结果的竞技类型活动对心境的影响有两个方面：一方面是竞技类活动具有失衡机制的功能；另一方面与心境的评论性维度有关，即胜利后的喜悦、愉快和失败后的愤怒、抑郁[29]。目前常用的心境测量工具有心境状态量表(POMS)和心境量表(BFS),本书选用 POMS。

2.2.2 理论背景

M. Csikazentmihalyi(1992)及其他学者提出了心理学中的适宜刺激理论,该理论认为当一个活动的挑战被个体视为超过了他的能力范围,个体便会产生应激或焦虑;相反,当一个活动挑战被认为太弱而引起个体不屑一顾,个体则会厌烦不感兴趣。适当的体验(有趣、愉悦、征服感等)只发生在活动的挑战或技能要求适当的情况下[30-31]。这一理论恰好为活动与个体的情绪体验之间的关系提供了较合理的解释。

2.2.3 心境的研究现状

运动心理学中对心境与运动成绩/表现的关系研究由来已久,最经典的可追溯到 W. P. Morgan 的研究[32-33]。W. P. Morgan 及其同事以 POMS 为工具进行研究,当时提出了著名的冰山剖面图来描述运动员的心境与运动成绩/表现的关系[34]。典型冰山剖面图是指优秀运动员在 POMS 的“精力”维度出现高分,而其他五个维度——“紧张”“抑郁”“愤怒”“疲劳”“慌乱”,都呈现低分的一种趋势图[35]。因此,研究者认为可通过心境模式来预测运动员的运动成绩。

有研究表明,成功的运动员是以积极的心境状态为特征的[33]。心理健康模型认为,有成就的运动员在那些消极的心境状态(如紧张、压抑、愤怒、疲劳和混乱等)上得分低于平均分,而在积极状态(精力)上得分高于平均分。POMS 除了可以对 7 个分测试进行分别评分外,还可以计算出心境失调分数(TMD)来反映整个心境状态。因为 POMS 各分量表间的相关关系,TMD 分数被认为可信度很高[33]。POMS 被认为是反映运动员运动表现成功与否的一个心理指标。

有研究者通过对世界级的摔跤运动员、国家级的划船运动员及中长跑和马拉松运动员的研究发现,他们在 POMS 上呈现“冰山曲线”[33]。同时有经验的运动员所体验到的赛前疲劳比无经验的运动员低[35]。入选美国奥林匹克队的运动员在训练中压抑减少而精力增加,达到了训练前的最高点;而那些落选的运动员的心境波动性大,而且其精力从未恢复到训练前的水平[36]。研究者对游泳运动员进行的研究发现,随着健康感的下降,反映心境状态的综合指标——心境失调分数却是显著增大的[37-39]。有研究者在比赛前的 10 天时间内对马拉松运动员每天的心境状态进行了重复测量，发现其心境状态具有波动性[40]。也有研究发现，利用呼吸冥想作为一种心理整理的方法可以促进并维持心率的恢复，实验组被试较控制组被试在心境全量表上得分低，但在某些心境分量表（如紧张和精力）上没有表现出显著性的差异[41]。

综上所述，研究者都是在训练过程中对运动员进行心境监控，以了解运动员的心境受训练的影响状况。很显然，要研究运动员心境在不同时间内的变化情况，采用重复测量实验设计是对以往描述性研究的发展。

也有中国学者使用POMS对中国运动员进行了研究，发现在情绪状态总评价方面，优秀运动员比一般运动员更积极，并且两者之间存在非常显著的差异[42]，这与国外的研究结果基本一致。相关研究发现有一些重要变量会影响心境与运动表现的关系，有四类变量已被研究者明确指出，它们分别是[43]：

（1）运动项目的持续时间。持续时间短的运动项目（如体操、武术一项比赛）要比持续时间长的运动项目（如篮球一场比赛）更易受心境的影响。

（2）运动项目要求的能力及条件的同质性程度。同质性程度高的运动项目（如短跑主要要求速度）比同质性程度低的运动项目（如十项全能的多质性要求）更易受心境影响。

（3）运动成绩评定标准。自我表现定向的运动项目（如花样滑冰）要比胜败定向的运动项目（如网球）更易受心境影响。

（4）共同训练或比赛的运动员人数。人数较少的运动项目（如个人比赛项目）要比人数较多的运动项目（如足球）更易受心境的影响。

在前人研究成果的基础上，本书有理由假设武术套路运动员训练中的心境与他们训练完成质量有密切关系，因此可以通过心理调控来改善心境，进而提高训练质量。当运动员处于某种“良好”的心境状态中，他们在训练中的运动表现/训练质量会大大好于其处于“非良好”心境状态。尤其是在大赛前最后一段时间的强化训练中，由于各种因素导致的对心理压力的影响，运动员的心境起伏与训练中的运动表现密切相关。所以调整好大赛前运动员的心境，对于保证训练质量，以及在紧接而来的比赛中表现出运动员的最佳能力，都具有十分重要的意义。

2.3 关于应对方式的研究

拉扎鲁斯提出的情绪的认知-动机关系理论模型简约地表示了情绪、应对和事件的关系(图 2-1)[43]。运动训练和竞赛中的压力事件作为刺激物引起了个体复杂的生理和心理的变化,而应对方式就是连接训练、竞赛结果和应激心理生理反应的一种中介变量。这个中介变量在循环往复的过程中发生作用,不断地影响着心理变化的方向和强度。因此,应对方式既是一种重要的竞技心理中介变量,又是一种重要的体育心理因素[44]。

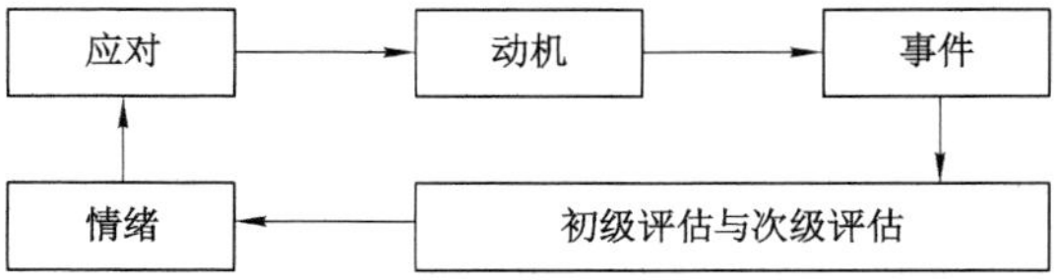

图 2-1 认知-动机关系理论模型示意图[43]

2.3.1 概念

2.3.1.1 应对的概念

应对作为一个心理科学的概念始于 20 世纪 60 年代,相对应激产生的,应激本义表示“压力”“压迫”“苦恼”[45]。在过去几十年中,研究者对应对已经形成了一个比较一致的观点:应对是个体为了处理被自己评价为超出自己能力范围的特定内外环境要求,而做出的不断变化的认知和行为努力[46-49]。

2.3.1.2 应对方式的概念

应对方式的概念伴随着其研究领域的不同而有所不同,但其本质可理解为个体对生活事件以及因生活事件而出现的自身不平衡状态所采取的认知与行为措施的过程[50],并且情绪反应(包括愤怒或抑郁等)也是应对过程的一部分[51-52]。

2.3.1.3 应对方式的分类

与应对概念的发展过程相对应，应对方式的分类也经历了一个发展的过程。早期 A. G. Billings 和 R. H. Moos 根据应对的方法将应对行为分为积极的和逃避的两类，根据反应的焦点分为倾向于问题和倾向于情绪两类[53]。

参考赵耕源等和姜乾金等的标准可将应对方式分为三类[54-55]：

(1) 积极应对——以进取、主动、活跃、向外为特征；

(2) 消极应对——以回避、被动、抑制、向内为特征；

(3) 综合应对——同时或先后采用以上两种方法。

2.3.2 应对方式与应激的关系

应激(或压力)是指一种复杂的心理生物过程，这一过程主要包含应激刺激、对危险的知觉评价和情绪反应。如果人们觉察到某一情景具有危险性且可能造成伤害或挫折，那么该情景便可诱发应激。A. G. Billings 等将应对方式定义为“应对是评价应激源的意义，控制或改变应激环境，缓解由应激引起的情绪反应的认知活动和行为”[53]。

图 2-2 可以基本上概括出应对方式和应激之间的关系。当然，不同的研究领域关注的重点是不尽相同的。在竞技运动领域，对于两者关系的认识应该遵从图 2-2(e)的观点[48]。这个生活事件的含义要有所扩大，不仅包括日常生活事件，还应该包括竞技运动领域的动作技能的学习、动作技能的表现、现场比赛等，需要认知评价和需要人们做出恰当应对以适应和调节情绪的各种事件。

2.3.3 应对方式研究的理论依据

2.3.3.1 心理防御机制的观点

该观点源于弗洛伊德的自我防卫机制理论，认为个体面临应激事件时会无意识地运用否认、压抑、投射、升华等防卫机制来应对问题。无意识层面的研究已经被意识层面的研究取代，但是其中许多研究成果仍然是意识层面研究的根源，比如说否认、压抑、投射等仍然是应对方式的种类。

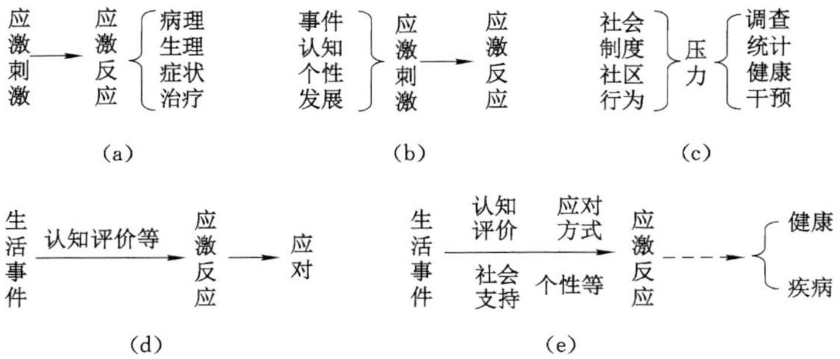

图 2-2　应对方式和应激关系模型图[44]

(a) 病理学与临床医学关注应激;(b) 心理学关注应激;(c) 公共卫生与社会医学关注应激;
(d) 国内应激作用过程模型之一;(e) 国内应激作用过程模型之二

2.3.3.2　人格功能理论的观点

该理论认为应对方式是人格的一个组成部分,人格决定了应对方式的选择和实施。由于成熟个体的人格具有相对的稳定性,所以不同情景下的个体所表现出的应对方式是具有相对稳定性的。

2.3.3.3　情景理论的观点

该理论强调情景因素是个体应对方式选择的决定因素,也就是说应对是对特定情景的反应,注重对不同应激情景下个体应对方式的研究。这一理论似乎补充了人格功能理论的观点,但是在解释同一时间、同一个体、同一应激情景下应对方式的差异时遇到了困难。

2.3.3.4　现象学——相互作用理论的观点

相互作用理论可以看作人格功能理论和情景理论的结合,认为应对是个体与环境之间相互作用着的动态过程。尽管人们在研究过程中都尽可能地遵从这一思想,但是对该理论的研究仍然处于理论层面,没有进行实证性的研究,尚未形成相关的理论体系。

2.3.3.5　马赛尼小组的观点

马赛尼小组的观点是一种从微观来看待应对方式的理论研究,认为应对不仅是消除或减弱应激源和所谓健康的或适应性的应对，还是任何预防、消除或减弱应激源的努力，无论是健康的还是不健康的，有意识的还是无意识的，这种努力也可能是以最小的痛苦方式对应激的影响给予忍受。

总而言之，研究取向和模式正在吸收彼此长处的基础上进行整合，认为个体应对方式的选择是人格特质、个体差异和应激情境相互作用的结果，着重研究具有不同人格特质的个体在不同应激情境下的应对方式，探讨人格特质与情境因素在应对中的交互作用，以及在应对过程中不同阶段个体应对方式的特点及其变化和发展，这是目前受大多数学者认可的应对的交互作用模式研究取向[56-57]。

2.3.4 应对方式的研究现状

自20世纪70年代以来，应对一直被广泛用来研究应激性生活事件与身心健康的关系，并取得令人瞩目的成果[58]。然而，这些研究成果对竞技体育领域来说是远水不解近渴。

近年来，国外一些心理学家已开始涉足竞技体育中的应对问题研究。利用Psyc INFO以"应对"和"竞赛"为关键词对外文文献进行检索，发现147篇文献，研究的内容主要涉及应对的理论、应对的影响因素以及应对方式的测量三个方面。这些研究从不同角度提出了运动员应投入驾驭应激的应对训练中，使他们的应对能力得到提高。教会运动员评价应对策略的好坏，使其认识到运动应激是不能回避的，帮助其掌握和运用处理应激的应对方式[59-60]。这方面的研究代表了一个新的研究方向，即竞技体育中的应对研究并非重复或是无效劳动，而有其独特的意义和价值。

在国内，一些运动心理学专家长期致力于运动焦虑、赛前心理准备、心理控制点等问题的研究[61]。体育界对于应对领域的研究相对较少，而以"应对"作为关键词的研究更是少见。通过查阅相关的文献资料，以"应对"或"应付"为关键词，使用中国体育期刊数据库并辅以手工检索，发现关于应对方式的研究较少，内容涉及特殊应激源的应对、不同特征运动员的应对特征、应对方式与其他心理因素间的关系、运动应对量表的研制等领域，并取得了一些成果。但整体来看，研究内容没有形成系统，研究水平有待于提高。

第3章　研究的目的和意义

3.1　选题依据

心理调控，简单来说就是对心理状态进行调节和控制。运动心理学工作者对运动员进行心理干预，就是为了调节其心理，最终使其学会自我调节和控制，适应训练和比赛。在武术项目训练的过程中，教练提到最多的就是训练情绪，而心境和应激是最典型的两种情绪状态。根据前人的研究成果可以建立假设：心境与武术运动员的训练质量和运动表现有着密切关系。武术自从列入竞技体育项目以来就决定了其竞争的激烈性，这是选择应对方式研究的重要因素。心境和应对方式分别针对不同的方面，前者主要针对平时的训练，后者主要针对比赛的强烈应激状态，二者也相互交叉，而且关系非常紧密。这也是确定本书研究内容的主要依据。

3.2　研究目的

本书研究内容源于实践中教练员和运动员的需求，在参考了大量的文献资料、咨询了业内专家和确定了它的可行性之后确定的。这样不但解决了实际问题，而且尝试形成系统的专项心理训练。本书研究内容主要思路是采用单被试设计的心理学实验方法，通过“视觉化检验”的方法评估心理调控的实际效果，尝试为运动心理学的应用做出实证性贡献。研究目的是检验能否通过心理调控来改善武术运动员的心境，提高比赛的应对能力和训练质量。

3.3 研究意义

如何使运动员在高应激、非正常的情境中保持平常心，在比赛中正常发挥，是运动员和教练都认为是迫切需要解决的问题，因此心理调控被提上议程。本书研究内容采用各种心理训练手段，对武术套路运动员进行心理调控，旨在协助他们调整好训练和比赛中的心境，提高他们应对训练和比赛的能力，这对于保证运动员训练质量和在比赛中发挥最佳水平具有十分重要的意义。

第4章 实验设计

4.1 研究方法

4.1.1 实验法

4.1.1.1 研究方法简介

对高水平运动员心理训练效果的评价一直备受争议，因此通过实证性方法科学地证明心理训练效果是当前应用运动心理学界努力追求的一个目标。虽然近年来在国际期刊上刊登的这方面的研究有逐渐增加的趋势，但国内仍很少见对高水平运动员心理训练效果的实证性研究。本书采用的单被试设计实验研究，是由赫里凯科和马丁于1996年提出的，经香港体育大学的姒刚彦博士和深圳体工大队的韩玲老师首次应用在艺术体操项目上，取得了较好的效果。武术和艺术体操都属于难美类项目，但武术现有的心理训练是一些一般的基本训练方法，没有系统的专项心理技能训练模式。因此将单被试实验设计引入武术项目是一次创新，也是一次突破。

单被试研究是指样本容量是一个或几个个体时所应用的一种研究设计。每个被试个体都会有一个处理阶段与无处理阶段，同时其心理与行为都会得到相应的测量。个体都以自己为参照物，与个案研究的共同点都是着眼于个体，基于重复性逻辑原则[61]。但是单被试研究可考察跨个体的一致性程度，可允许有多重基线设计，内外部效度都比个案研究的高。

单被试研究设计的优点[62]包括：

第一，单被试设计在某一时间阶段内对一个运动员的训练或比赛的表现进行反复评测，所以能够提供该运动员运动表现及个体变化的宝贵资料，它不同于把研究重点放在团体的平均运动表现上的经典的团体设计。

第二,典型的单被试设计通常包含3～5个被试,研究者为评价干预的效果只需确定具有同样运动表现问题的几个被试,而团体设计通常难以找到具有相同运动表现问题的足够被试来区分不同的团组。

第三,单被试设计中的每一被试均会在不同的时间里接受心理干预,研究不必设另一控制组,因此不会受到教练员和运动员的抗拒。

第四,单被试设计依赖重复性逻辑而不是团体设计中的取样逻辑,所以它不受限于团体设计的一些前提条件,例如因变量的正态分布、样本的随机取样等。

第五,单被试设计中通常还包含着一项对社会效度的评价,主要是指被试本人对使用的方法如何感受及获得的结果。

4.1.1.2 实验设计

本研究采用一种非共时、多基线水平的实验设计[64]来检验心理调控对心境状态与应对方式的影响。在这种实验设计中,非共时是指对心理调控前后因变量数据的采集时间与次数在被试之间可以是不一样的。因此对四位被试的心理调控既可以同时进行,也可以分别进行。多基线水平是指不同被试之间的因变量基线水平可以是不同的。这种设计首先适合于实际的运动训练安排,其次可以在心理调控介入每位被试时就能对心理干预的效果进行评价。也就是说,为了使这一研究有较好的动态效度,以及适应武术套路运动员个体化的心理训练与专项训练方案,这种非共时、多基线水平的设计是最合适的。

这种设计要求在心理调控介入前对因变量有稳定基线水平的评测。本研究中,四名被试的心境和应对方式在心理调控介入之前进行基线测试,训练质量的基线水平评测取自2006年冬训的一个月,在获得了上述三类基线值后,心理调控开始介入。

4.1.1.3 实验假设

第一,通过心理调控,四名队员训练中的心境得到改善;

第二,通过心理调控,四名队员训练和比赛中的应对方式得到改善;

第三,通过心理调控,心境和应对方式改善,四名队员的训练质量得到提高。

第四，通过心理调控，心境和应对方式改善，四名队员的竞技成绩得到提高。

4.1.2 生物反馈法

4.1.2.1 实验仪器

实验仪器：多通道 Spirit-8 生物反馈治疗仪、WL-HA-2 脑波治疗仪。

4.1.2.2 测试方法

将肌电、脑电、皮电、皮温等传感仪置于被试身上固定部位，启动仪器后，以每个被试的生理指标出现在电脑屏幕的中间位置为基准，进行上下移动和调整。被试静坐几分钟，排除各种因素后开始测试。

4.1.3 问卷调查法

为了能真实地反映运动员的心理状态，本研究采用心境状态量表(POMS)、运动员应对量表(COPE)、运动表现策略量表(TOPS)、辅助量表等。

4.1.3.1 心境状态量表

心境状态量表(POMS)是由美国学者麦克奈尔等(1971)编制的一种心境状态自评量表。它包括紧张、愤怒、疲劳、抑郁、精力和慌乱 6 个分量表，每个分量表包括若干个形容词，全表共 65 个测试条目，属各分量表的形容词的混合排列。每个题目有 6 个等级，从 0 到 5 分别代表“全无”到“非常多”。测试时要求被试在 10 分钟以内根据自己一周以来的心境，选择最符合自己实际情况的等级。

本书的测量工具是由祝蓓里(1995)修订的简式心境状态量表(POMS)，研究者在全国 22 个省市随机测试 1 060 名大学生(其中男 778 名，女 282 名)和 522 名中学生(其中男 295 名，女 227 名)，分别修订了大学生 T 分常模和中学生 T 分常模，并从全体常模中随机抽取 85 名测试者，对他们回答的分量表得分与相应的有关题目得分进行了相关检验，结果发现中国简式 POMS 量表的信度在 0.62～0.82 之间，平均值为 0.71。

该量表有 40 个题目，对 7 个分维度(紧张、愤怒、疲劳、抑郁、精力、慌乱、自尊)分别进行评测。对每一测题的回答由利克特式5点等级构成。最后评分采用情绪状态总估价(TMD)表明消极情绪状态的程度。本研究在心理调控介入前和城运会决赛前对运动员的心境进行了6次测评。每次测评均在训练课结束后立即进行,施测指导语为"请从附录表1形容词中选出一个来表达你在今天这堂训练课中的感受"(问卷原文见附录1)。并且每次测试都是在作者的监督指导下进行的,以备随时对运动员的疑问给予解释。

4.1.3.2 运动员应对量表

运动员应对量表(COPE)是由查尔斯等(查尔斯、卡弗、迈克尔、谢尔,1989)编制的多维多级评分的心理问卷。国内东南大学韦有华等1997年将此量表汉化,原始量表共有53个测试条目,包含13个应对因子,分别对13种不同的应对策略进行分析:直接行动、计划、抑制无关活动、克制忍耐、寻求工具性社会支持、寻求情感性社会支持、积极性解释、接受、求助宗教、情绪专注与疏泄、否认、行为解脱、心理解脱,此外还有"烟酒解脱-药物依赖"方式。经韦有华等初步修订,COPE量表在我国大学生中应用具有较好的信度和效度,各项指标基本符合心理测量学要求,可以作为评估应对活动的工具。

本研究采用谭先明修订后的《运动员COPE量表》,他是在韦有华等的基础上,以237名专业运动员为研究对象,对COPE量表中文本的53个条目进行主成分分析,方差最大正交旋转生成特征值大于1的因子有13个,并经过多次旋转,13个应对因子收敛于9个因子,留存了45个条目构成了该量表的9个应对因子(累计方差贡献率为57%)。信度检验结果表明,量表的各维度均具有较好的内部一致性,克朗巴赫系数α为0.59~0.91,量表及各维度的分半相关系数为0.68~0.90;对23名运动员被试在间隔3个月后再做测试,相关系数为0.71~0.89。研究表明,经修订后的COPE量表用于运动员研究具有较好的信度和效度(问卷原文见附录4)。

4.1.3.3 运动表现策略量表

根据前人的研究成果和班杜拉的理论(1977),运动表现策略量表(TOPS)包含以下维度:注意控制、目标设置、表象、放松、活化动员、自我谈话、情绪控制、自动化。最初的量表包括112个条目,测量运动员在竞赛和训练中的心理技能和策略。量表中的条目不仅包括评估运动员在特定运动情景中的心理技能,还测量运动员使用心理技能的策略。最终根据因素分析结果，竞赛策略量表和训练策略量表中分别保留了 32 个条目，对每一测题的回答由利克特式 5 点等级构成。经信效度检验表明修订后的量表有较好的内部一致性，竞赛策略量表用于赛前测试，训练策略量表用于平时训练中的测试，可用来评价运动员在比赛和训练中的心理技能和策略（问卷原文见附录 5、附录 6）。

4.1.3.4　辅助量表

本书采用艾森克个性问卷来测试运动员的性格，作为心理调控实施之前的参考依据。采用教练员、运动员实践评估问卷作为心理调控实施后的社会效度评估。

个性是指一个人在现实环境中对各种事物表现出比较稳定的态度和与之相适应的习惯化的行为方式。个性是人格中最重要、最显著的心理特征。它在人格中起着核心的作用，是区别于其他人的集中表现，是人格中最具有魅力的部分。所以在对运动员施行心理调控之前有必要了解该队员的个性特征。关于个性调查，较著名的有艾森克个性问卷（EPQ）、明尼苏达多项人格调查目录（MMPI，1942）、加利福尼亚心理调查目录（CPI，1956～1975）、卡特尔的 16 项人格因素问卷（16PF）。本书采用艾森克个性问卷（EPQ）来测试运动员的性格，作为心理调控的一个参考依据。

4.1.4　文献资料法

在研究过程中查阅了大量的国内外心理调控、心境和应对方式的相关文献，了解与研究有关的知识和最新的研究进展，为研究奠定了比较扎实的理论基础。

4.1.5　专家咨询法

本研究除了请导师蔡仲林教授亲自指点与把关外，还咨询了业内专家姚家新教授，并得到了他的建议与认可。在实施的过程中经常向深圳体工大队的韩玲老师咨询遇到的难题与困惑，韩老师师从运动心理学专家姒刚彦博士，并具有作为全职运动心理学工作者在高水平运动训练基地工作的经验。作者在参加全国第一届运动心理咨询师培训班时有幸见到许多业内专家，并聆听了他们在从事运动心理咨询工作时的一些心得与体会，对作者的工作有一定的指导意义。

4.2 被试

本研究是以参加第六届城市运动会的四名湖北省重点武术套路运动员为研究对象(表4-1)。

表4-1 被试一栏表

队员	性别	年龄	项目	预赛前运动员技术等级	专项训练时间
C	男	18岁	长拳(枪、剑)	一级运动员	7年
W	男	17岁	太极	一级运动员	6年
G	男	17岁	太极	一级运动员	6年
X	女	16岁	太极	一级运动员	4年

4.3 心理调控

4.3.1 实施者

心理调控方案是由作者通过对运动员的跟踪观察、测量,与运动员、教练员、队友的大量交流之后与教练员共同讨论制定的。这是一个动态的过程,根据进展的实际情况进行及时调整,由作者实施,与业内专家、同行交流。作者大学本科毕业于湖北大学体育学院体育教育专业,研究生阶段研究方向为运动心理学,具备从事心理服务工作所需的运动训练和运动心理学基本知识。

4.3.2 心理调控方案

一个不可回避的事实是训练是运动员自己练,比赛是运动员自己比,练得好坏和比得好坏几乎都与运动员的自我观念以及自我认识、自我指导、自我调控能力有密切关系。即使有了外部的心理干预,也未必能同化其原有的自我意识,因此着眼于自我意识的调节与控制,最终用意识指导行动,提高应对能力是本书研究的重点内容。

刘淑慧提出的心理建设综合模式(图 4-1),将习惯化的心技结合的合理动作规范程序(习惯)与积极思维能力(态度)整合于自我意象之中[65]。根据这一心理建设综合模式设计心理调控方案(表 4-2、表 4-3)。

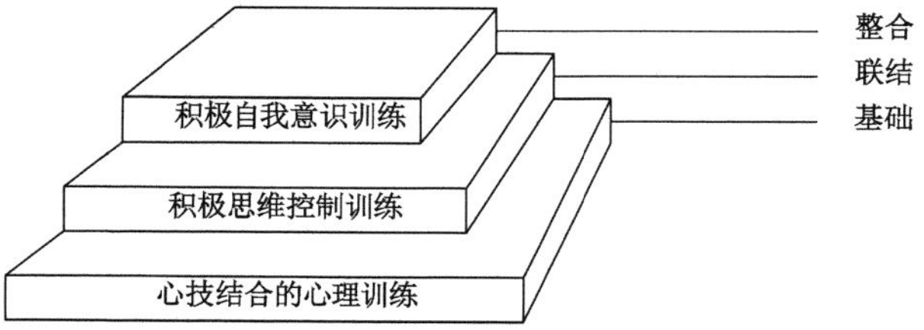

图 4-1　心理建设综合模式[65]

表 4-2　心理训练横向方案

情境划分	针对性训练内容
训练	明确、具体的书面目标设置; 心理技能的临场应用; 心理学知识的系列讲座
比赛	赛前行为程序,规范队员的心理和行为
生活	心理疏导,解决队员的生活和情感问题

表 4-3　心理训练纵向方案

时间	训练内容	进展方式
3 月	熟悉环境、了解运动员、确定重点队员(C、W、G、X)	听取教练员、队友的陈述,与本人交流,以及训练观察
4—5 月	1. 进一步了解与沟通。 2. 教授运动心理学认知方面的知识;临场的指导与应用(如不合理情绪、表象训练、积极的自我暗示、目标设置、自信心培养、倒 U 形理论、直接心理干预等)。 3. 心理疏导	1. 主动寻找机会接近队员。 2. 非正式的一对一的交流;训练场上的临场指导;赛前干预等。 3. 集体授课,随机进行心理疏导。 4. 每周不少于 5 次的临场观察与指导

表 4-3(续)

时间	训练内容	进展方式
6月	1. 教授基本心理技能(呼吸训练、心理放松技能)。 2. 追踪队员的训练状况。 3. 心理疏导	1. 正式的小课堂(每周一次)。 2. 家庭作业(每天练习)。 3. 每周不少于3次的临场观察与指导
7—8月	1. 督促队员熟练应用心理技能。 2. 配合教练员为队员制定夏训目标(总目标、月目标、周目标、日目标)。 3. 心理疏导	1. 临场指导与监督,提高训练质量。 2. 每周不定时地检查训练目标的完成情况
9月	1. 赛前心理调控(设置合理的比赛技术目标、赛前行为程序)。 2. 心理疏导	1. 正式的小课堂(每周一次)。 2. 临场指导与监督,提高训练质量
10月	1. 巩固心理技能的熟练应用。 2. 建立积极合理的思维模式。 3. 心理疏导	1. 晚上随机查勤。 2. 临场指导与监督,提高训练质量,维持队员良好的心境

4.3.3　心理调控形式

本书研究内容主要是通过心理调控实现的。心理调控分为两大类:一为集体授课,即对全体运动员一起进行心理调控,有共同的主题,每两周1次,每次1.5小时,地点在训练基地武术管理中心会议室。二为个体心理咨询或训练,针对每一位运动员个人特点单独进行,每人每周1次,每次1～2小时,地点在运动员宿舍。两类调控均会留有“回家作业”,要求运动员在心理调控课外完成。两类调控都是在专项训练课后的休息时间进行,每次课均事先获得教练员的同意与支持。

4.3.4　心理调控内容

4.3.4.1　集体授课的主要内容

(1) 知识讲授:主要为认知定向知识的讲解,如对待教练员严格要求的自我解释与行为方式、运动归因(表4-4)、倒U形理论、理性情绪疗法(RET)理论、自我谈话(表 4-5)、压力应对、潜能激发等。

表 4-4　心理控制的正确定向

项目	可控因素	不可控因素	正确的比赛心理定向
对象	自己	他人	你练你的,我练我的
时间	现在(当前)	过去和将来	比一场丢一场,场场从零开始
事件	动作	结果	多想技术动作,少想结果

表 4-5　消极与积极自我谈话的对应转变

消极的自我谈话	积极肯定的自我谈话
我会不会失误,会不会稳啊?	我一定稳。
今天状态不好就不练了。	状态不好的时候更要好好练。
我怎么都不可能拿到好成绩的。	失误是过去式了,我一定会成功的。
我怎么可能会在这个动作上失误呢?	每个人都会失误,只要专注下一个动作。
我再也不可能从这个伤害中康复。	治疗需要时间,我只要每天坚持参加康复治疗就可以了。
裁判误判了我 0.1 分,那个动作明明是不扣分的。	这件事我无法做任何改变,如果我打得好,我还是会成功的。
今天我就轻松一点,等明天再努力吧。	如果今天努力一点,明天就会比较轻松。
这个难度动作糟透了。	只要慢一点,注意节奏与时机就会做好。

(2) 集体讨论:利用发生的事件进行自我剖析,宣泄不良情绪,进行正确归因。

(3) 回家作业:要求队员每天写训练日记,自我监控情绪。

(4) 放松技能训练:主要掌握标准腹式呼吸技能和自身放松训练。腹式呼吸要求在训练和比赛场上半套或全套前进行,自身放松训练要求每晚睡觉前进行一次。

4.3.4.2　心理训练的主要内容

(1) 第二类心理调控主要针对个体特点进行,四个队员的基本情况见表 4-6 至表 4-9。

表 4-6 队员 C 的基本情况

条目	结果
自我陈述	训练的时候特别害怕失败，一上全套或难度动作的时候就很紧张，就算完成了难度动作也觉得自己做得不好，每天训练都觉得很累，心里很烦。
教练陈述	反应较快，模仿能力强，但缺乏坚定性，训练时好时坏，情绪不太稳定，信心不足。
队友陈述	技术很好，性格比较开朗幽默。
训练观察	技术比较好，但不够舒展，有时表现得很紧张，经常皱眉头，训练比较认真、刻苦。
心理测试	POMS(6 次测量)：愤怒特征特别明显，紧张和疲劳时得分也很高。 EPQ 性格测试：性格外向，情绪特别不稳定。
结果分析	该队员需要解除不合理情绪，提高自信心，缓解不良情绪(愤怒、紧张)。

表 4-7 队员 W 的基本情况

条目	结果
自我陈述	因为家庭影响养成了自卑的心理，一出去比赛就会特别紧张，总担心会失误，即使完成了难度动作也会更紧张，还会担心下一个动作会不会失误，会不会稳定，所以感觉每次比赛都会失误，永远都不会得到好成绩，有退出的想法。就算是教练经常表扬我，我也认为是他有意鼓励我，而不是我真的做得很好。
教练陈述	对人比较宽厚，不善于表现自己，缺乏自信，意志力不够坚定，但训练比较认真、刻苦，有上进心，对自己要求比较高，总是力求完美，比赛中容易被环境和突如其来的事件影响，往往不能正常发挥自己的水平。
队友陈述	为人特别好，技术很扎实，但是心理素质不高，比赛的时候常常有很大的失误。
训练观察	训练很认真，能够轻松而高质量地完成难度动作，但经常叫“累”“痛”，在教练的严格要求下一般都能坚持下来，眼神游离，略显胆怯。
心理测试	POMS(6 次测量)：慌乱特征特别明显，愤怒和紧张时得分也比较高。 EPQ 性格测试：偏内向性格，情绪特别不稳定。
结果分析	该队员需要加强自信心的培养，改正不合理认知，缓解慌乱、紧张情绪。

表 4-8 队员 G 的基本情况

条目	结果
自我陈述	经常练着练着就不想练了，特别烦躁，不喜欢听教练的，他越是生气发火就越听不进去，不喜欢死练。
教练陈述	比较内向、孤僻，不善于与人交流，有着较强的逆反心理，但比赛善于发挥，属于比赛型选手，近三个月训练不认真，特别情绪化，缺乏斗志，有技术滑坡迹象。
队友陈述	训练波动特别大，有时候可以练得特别好，有时候一塌糊涂，经常与教练闹情绪。

表 4-8(续)

条　目	结　果
训练观察	非常情绪化，训练质量随心情而定，倔强，逆反心理比较严重，不善言语。
心理测试	POMS(6 次测量)：疲劳、愤怒特征特别明显。 EPQ 性格测试：特别内向，情绪特别不稳定。
结果分析	缓解不良情绪，激发训练和比赛动力，提高训练质量，增强与教练员的配合。

表 4-9　队员 X 的基本情况

条　目	结　果
自我陈述	非常自信，但常怀疑自己在盲目自信，训练不好时会很急躁、疲劳。
教练陈述	训练比较稳定，很乐观，很懂礼貌，随和，比赛中有时会过于自信。
队友陈述	人比较聪明，训练很踏实，有点圆滑，会掩饰自己。
训练观察	训练比较积极主动，情绪较稳定，技术较好，但一出现失误就会带情绪，很在意教练员的评价，容易疲劳。
心理测试	POMS(6 次测量)：疲劳特征明显，紧张时得分也很高。 EPQ 性格测试：性格外向，情绪稳定。
结果分析	该队员需要克服训练中的挫折，解除不合理情绪，缓解不良情绪(疲劳、紧张)。

(2) 使用艾森克个性问卷(EPQ)测试四个队员的性格特点，如图 4-2 所示。

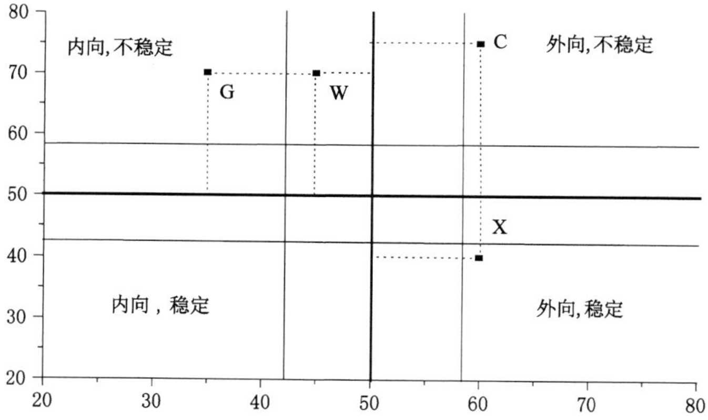

图 4-2　EPQ 测试四个队员(C、W、G、X)的性格特点

（3）个体心理调控方案。

针对个体的不同情况，设计的个体心理调控方案见表4-10至表4-13。

表4-10 队员C(愤怒、紧张、疲劳)心理调控方案

条 目	内 容
集体授课与讨论	根据每次集体授课的知识点，要求重点队员在课堂上讨论并谈论自己的感受。
个体心理咨询与训练	1. 进行情绪管理，宣泄其不良情绪。 2. 引导自我矫正，培养自信心和注意力集中。 3. 目标设置，表象训练。 4. 放松技能(腹式呼吸、自身放松训练)。 5. 及时听取反馈信息，调整训练内容。
临场调控	1. 及时给予积极暗示语的提示。 2. 帮助其心理技能的临场应用。
回家作业	1. 上全套或分段时都进行腹式呼吸、表象练习，晚上睡觉前进行自身放松训练。 2. 每天记录自己的情绪状况。

表4-11 队员W(慌乱)心理调控方案

条 目	内 容
集体授课与讨论	根据每次集体授课的知识点，要求重点队员在课堂上讨论并谈论自己的感受。
个体心理咨询与训练	1. 建立正面、积极的思维模式，优点轰炸(自信心训练)。 2. 理性情绪疗法(RET)。 3. 积极的自我谈话、表象训练和暗示训练。 4. 放松练习。 5. 及时听取反馈信息，调整训练内容。
临场调控	1. 及时鼓励，给予积极的暗示使其获得力量感。 2. 辅助其心理技能的临场应用。
回家作业	1. 训练和比赛时进行腹式呼吸，晚上睡觉前进行自身放松训练。 2. 每个星期做一次自我总结，找出自己进步的地方。

表 4-12　队员 G(疲劳、愤怒)心理调控方案

条　　目	内　　容
集体授课与讨论	根据每次集体授课的知识点,要求重点队员在课堂上讨论并谈论自己的感受。
个体心理咨询与训练	1. 激发动力。 2. 心理控制的正确归因定向。 3. “空椅子”训练,加强与教练员之间的沟通。 4. 放松练习。 5. 及时听取反馈信息,调整训练内容。
临场调控	1. 调动其积极情绪,提示其将注意力集中在动作上,保持注意的流畅状态。 2. 辅助其心理技能的临场应用。
回家作业	1. 记录自己当天的情绪状况和注意力在技术上的集中程度。 2. 睡觉前进行“空椅子”对话。

表 4-13　队员 X(疲劳、紧张)心理调控方案

条　　目	内　　容
集体授课与讨论	根据每次集体授课的知识点,要求重点队员在课堂上讨论并谈论自己的感受。
个体心理咨询与训练	1. 建立正面、积极的思维模式(自信心训练)。 2. 目标设置,积极的自我谈话、表象训练和暗示训练。 3. 放松技能(腹式呼吸、自身放松训练)。 4. 及时听取反馈信息,调整训练内容。
临场调控	1. 及时鼓励,做教练的代言人。 2. 辅导其心理技能的临场应用。
回家作业	1. 监督自己目标的完成情况。 2. 上全套或分段时都进行腹式呼吸、表象练习,晚上睡觉前进行自身放松训练。 3. 写训练日记,记录训练情绪。

4.3.5　心理调控过程的监控

对心理调控执行情况的监控由训练队主任以及教练进行,主要由三个方面构成:(1) 作者负责心理调控质量方面评估;(2) 教练员对实际训练中的改善情况进行反馈;(3)运动员的反馈。

为了使干预的效果能被进一步评价,每个被试者以及他们的教练还需完成一份实践评估问卷,即对社会效度的评价。这些问卷是在城运会决赛完成之后在训练场进行施测的,作者回避,由教练员和运动员分别独立完成(问卷原文见附录2、附录3)。

4.4 因变量

4.4.1 心境

在前人研究的基础上,本研究有理由假设武术套路运动员训练中的心境与训练质量、运动表现有密切关系,因此推测可以通过心理调控来改善心境,进而提高训练完成质量。本书研究内容以参加2007年第六届全国城市运动会武术套路个人项目决赛的四名湖北省武术运动员为研究对象,从预赛后开始对运动员实施心理调控,其中心境管理是重要内容。心境管理是德国心理学家埃伯利等提出的,是指通过采用各种手段来调节人们的心境,以达到促进健康或符合特定活动需求的目的[66]。在本书研究内容中,是指通过采用特定的心理调控手段来帮助运动员调节心境,克服训练中的各种心理障碍,以达到提高训练质量的目的。本书研究内容假设通过针对个体的心理调控,能够改善当事人训练中的心境,进而提高其训练质量。

4.4.2 应对方式

本书通过假设检验心理调控是否可以提高运动员应对训练和比赛压力的能力。如果可以,这种应对能力又是如何帮助运动员来协调日常生活中的应激事件的呢?根据拉扎鲁斯的主要论点:人们评估及应对所发生的个人重大事件的方式形成了他们的情绪生活[44],所以运动员应对训练,特别是应对比赛的能力是本书研究内容的重点之一。

4.4.3 训练质量

本书研究内容中对训练质量的评价是以训练课中的测验得分来表示的。在备战城运会的训练中,每天的训练课大部分都是由各种测验和模拟比赛组成。教练员会在每次测验时对运动员的完成质量评分，运动员也会为自己的训练质量评分，最后取平均值。本书研究内容采用的训练质量评价分数就是该训练课的记录。测验质量评估由“技术完成情况”与“课堂常规”两部分构成，以十分制计分。“技术完成情况”是指对每天的模拟测试的全套动作、难度动作的完成情况进行评分，占 5 分；“课堂常规”是指每天不迟到早退和一日三餐按时定量吃，占 5 分。每次训练课后运动员先根据自身情况进行自评，教练员根据运动员在每一套测验中的表现及时记录其在两类指标各构成要素上的完成情况，并给予评分，最后取平均值就是每次课的训练质量评分。该分值越高代表训练质量越好。本书研究内容在心理调控介入前的冬训（实验前）和心理调控介入后的夏训（实验中后期）各进行了为期一个多月的测评。

4.4.4 比赛成绩

竞技状态是指运动员获取本人最佳成绩的最适宜状态，主要取决于运动员通过训练后机体内部各系统功能的和谐积聚，即运动员的运动素质、技术水平和战术水平已形成一种较高级的平衡，神经系统调节能力达到顶点。所以，表现竞技状态最重要的特征就是运动成绩。本书通过假设检验研究心理调控是否可以改善和提高运动员的心境、应对能力、训练质量，最终达到提高比赛成绩的目的。所以比赛成绩的提高是本书研究内容的目的。

第 5 章　资料整理与结果分析

5.1　数据分析方法

本研究采用视觉化检验对心境、应对方式与训练质量的数据进行分析，即通过直观图形对效果进行分析。根据赫里凯科和马丁（1996）的建议，采用下列标准在直观图形上衡量干预效果是否显著[61]：

（1）基线水平和干预阶段之间数据的重叠点较少（即在同一水平上的点较少）；

（2）可以看到紧随干预后的直接效果；

（3）干预效果量的大小；

（4）效果具有跨被试的一致性程度。

当采用视觉化检验方法分析数据时，若上述标准有多条得到满足，研究者就能对干预效果有相当的肯定。

5.2　数据分析

5.2.1　心境

心境测量采用实验前测和实验后测，实验前测在心理调控开始之前进行，隔日一测，共测 6 次；实验后测从城运会决赛前的半个月开始，隔日一测，每人不低于 6 次。

从图 5-1 可以看出，队员 C 的负面情绪（紧张、愤怒、疲劳）明显高于积极情绪。而从图 5-2 可以看出，经心理调控后队员 C 的心境剖面图已经接近优秀运动员的心境剖面图，积极情绪非常高，表现为精力非常旺盛和较好的自尊，负面情绪（紧张、愤怒、疲劳）都不明显了。从图 5-3 可以看出队员 C 心境平均值由心理调控前的 136 降到心理调控后的 95，心理调控前心境分值跨度较大(125～146)，但心理调控后的分值跨度较小(90～99)，明显小于实验前，说明实验前队员 C 心境波动很大，而心理调控后期心境状态趋于稳定，平均值由 136 下降到 95，下降30.1%，这意味着心理调控对运动员 C 的心境起到了良好的改善作用。

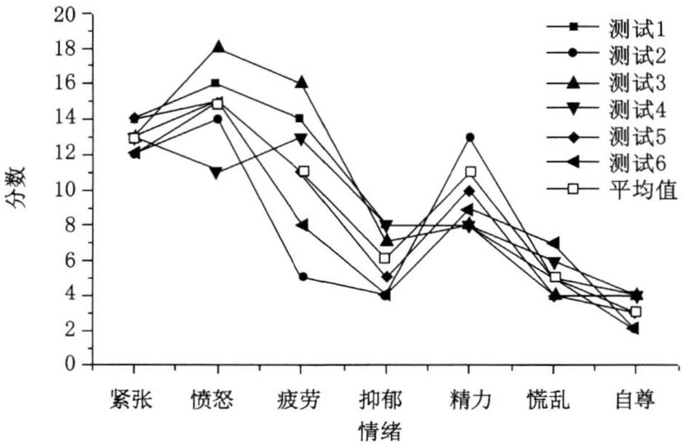

图 5-1　队员 C 心境实验前测

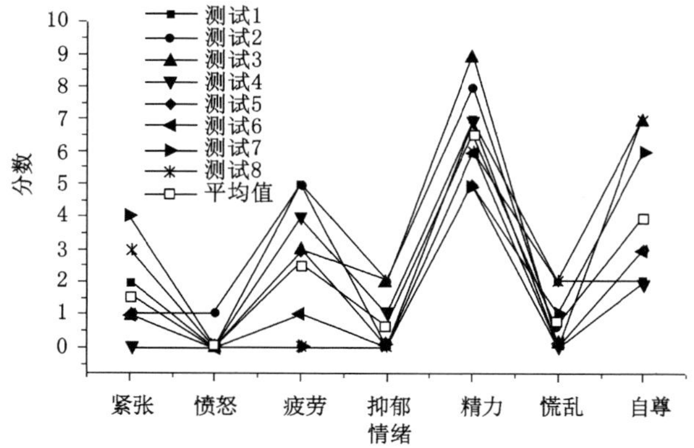

图 5-2　队员 C 心境实验后测

从图 5-4 可以看出队员 W 心理调控前心境很凌乱，没有规律，负面情绪很高，以愤怒和慌乱最突出；但从图 5-5 可以看出，队员 W 的心境状态非常好，也很有规律，心境剖面图接近于优秀运动员，愤怒和慌乱情绪明显减弱，积极性情绪(精力和自尊)非常高；从图 5-6 可以看出，队员 W 实验前的心境跨度也非常

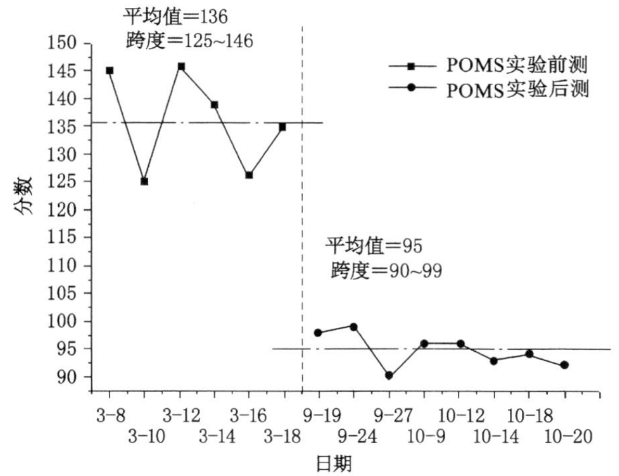

图 5-3　队员 C 心境实验前测与后测比较

大(90～131)，而心理调控介入后期心境跨度已经很小了(84～96)，说明实验前心境波动较大，而心理调控后期心境状态趋于稳定，平均值由 115 下降到 91，下降 20.9%，这意味着心理调控对运动员 C 的心境起到了很好的改善作用。而且在心理调控介入后对运队员 W 的心境改善起到了立竿见影的效果，这一改变有力提高了紧接而来的城运会预赛成绩。

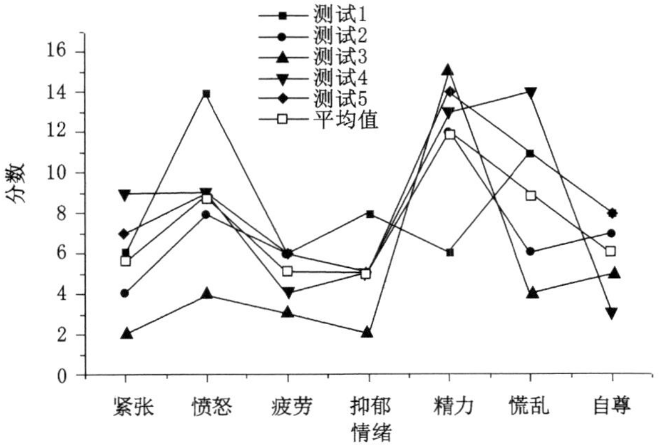

图 5-4　队员 W 心境实验前测

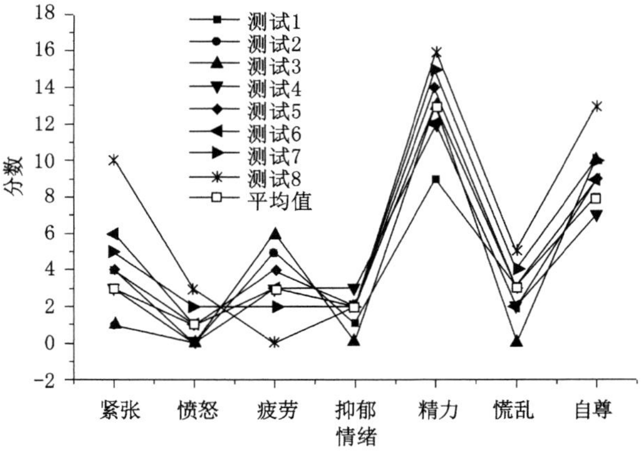

图 5-5 队员 W 心境实验后测

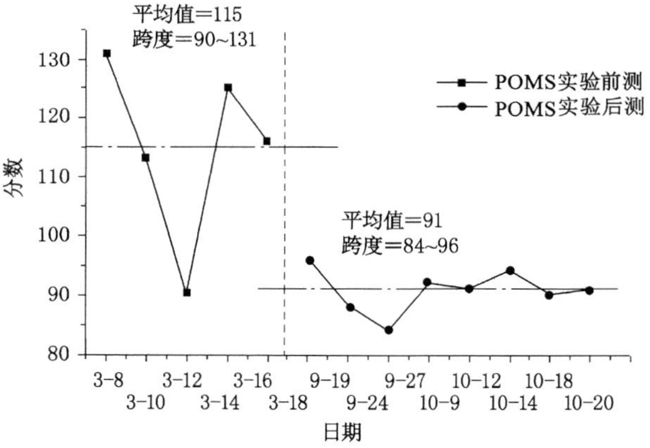

图 5-6 队员 W 心境实验前测与后测比较

从图 5-7 可以看出，队员 G 实验前测时负面情绪（愤怒、疲劳、抑郁）很突出，显著高出了积极情绪（精力和自尊），只有紧张情绪比较低，而且波动较大，没有规律。从图 5-8 可以看出，经心理调控后的实验后测，队员 G 的愤怒和抑郁情绪都明显降低，但是疲劳情绪依然存在，但是有一个规律：越接近比赛，队员 G 的心境剖面图也慢慢接近优秀运动员。从图 5-9 可以看出，心理调控前队员 G 心境分值跨度很大（96～143），心理调控后队员 G 心境的分值跨度明显减小（90～106），表明实验前队员 G 心境波动较大，而心理调控后期心境状态趋于稳定，平均值由 131 下降到 97，下降 26%，这意味着心理调控对运动员 G 的心境起到了很好的改善作用。

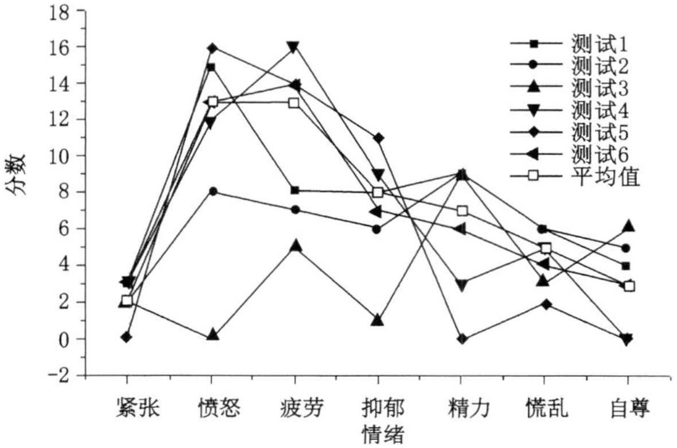

图 5-7　队员 G 心境实验前测

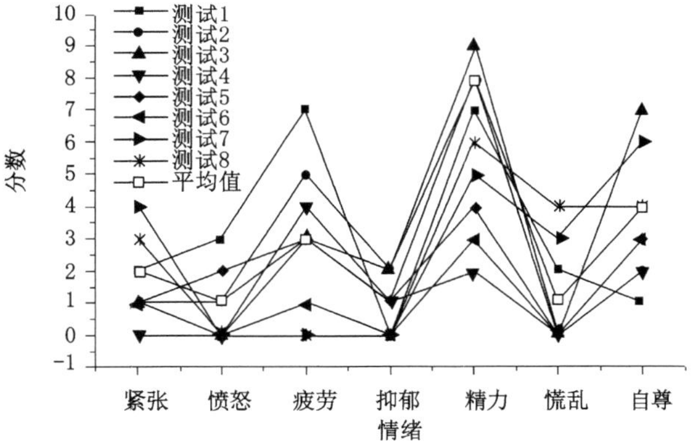

图 5-8　队员 G 心境实验后测

从图 5-10 可以看出，队员 X 实验前测负面情绪相对较弱，以疲劳为主，但是积极性也不高。而图 5-11 显示队员 X 的心境剖面图非常接近优秀运动员。此外，实验前其心境规律性不强，但心理调控后期心境状态非常稳定，有规律。由图 5-12 可以看出队员 X 的心境跨度并不是很大，实验前为 108～132，心理调控后期为 84～100，平均值由 115 下降到 92，下降 20%，效果相对于其他三名运动员较差，这是因为队员 X 在实验前心境就低于其他三位队员。心理调控对运动员 X 的心境同样起到了改善作用。

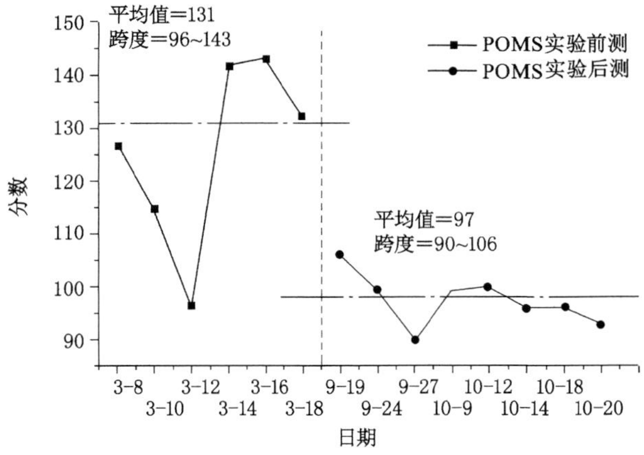

图 5-9　队员 G 心境实验前测与后测比较

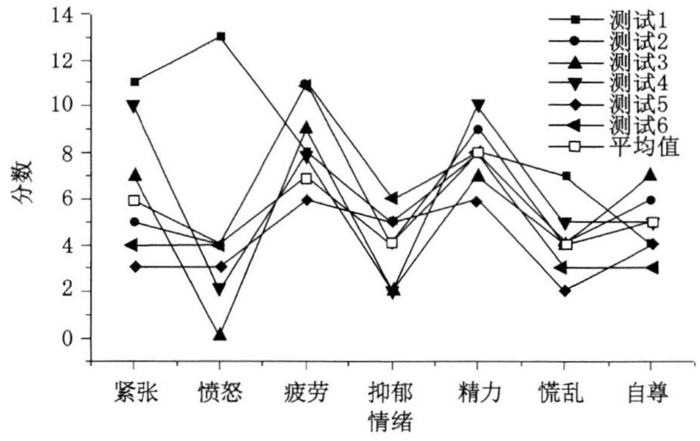

图 5-10　队员 X 心境实验前测

四位运动员心理调控介入前后的心境得分在图 5-1 至图 5-12 中清楚呈现。可以看到四名运动员无论是个人情况的改变，还是跨运动员的一致性趋势，心理调控介入之后心境得分都大幅度下降，这说明心理调控起到了改善心境的作用。

5.2.2　应对方式

应对方式采用实验前、中、后的测试方式，便于比较。应对方式的实验前测与心境实验前测同步进行，实验中测是在夏训的第二个星期，此时属于心理调控的中期，实验后测是在城运会决赛前的一个星期进行的。

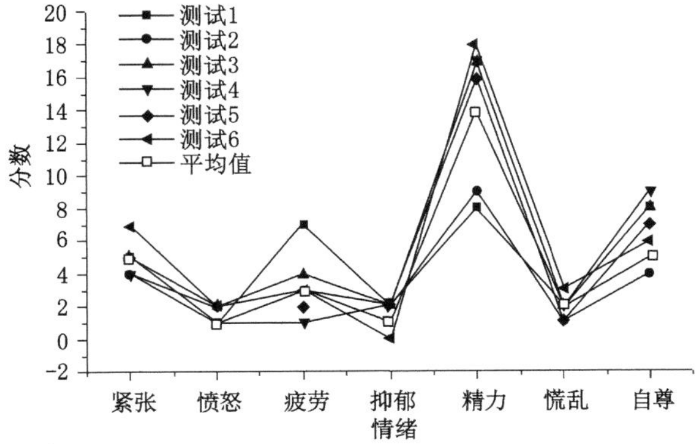

图 5-11　队员 X 心境实验后测

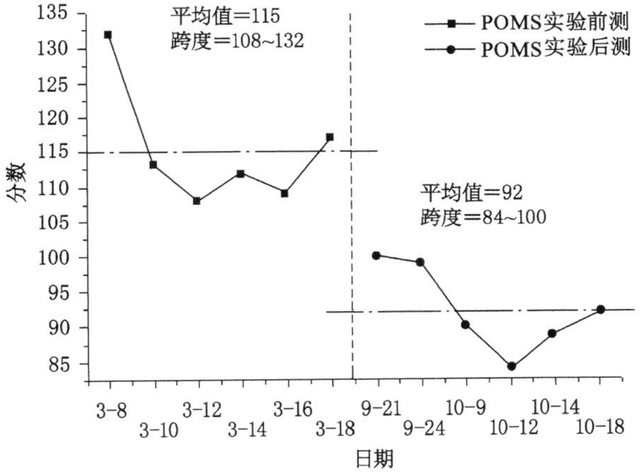

图 5-12　队员 X 心境实验前测与后测比较

COPE 量表有 9 个因子，分别是寻求支持、主动应对、情绪宣泄、正面认识、抑制干扰性活动、忍受、求助宗教、逃避、克制性应对。参考赵耕源等和姜乾金的标准，COPE 量表有 9 个应对方式因子，分为三类：(1) 积极应对(寻求支持、主动应对、正面认识、抑制干扰性活动)；(2) 消极应对(忍受、求助宗教、逃避、克制性应对)；(3) 综合应对(情绪宣泄)。

而竞赛策略量表和训练策略量表的 8 个因子(自我谈话、情绪控制、自动化、目标设置、表象、放松、激活动员、注意控制)除了情绪控制是消极性得分因子外，其他 7 个因子都是积极性得分因子，而这些因子基本上是心理调控的主要内容，所以竞赛策略量表和训练策略量表与应对量表同时使用。积极性得分因子是指得分越高越好，而消极性得分因子是指得分越低越好。

由图 5-13 可以看出，实验前测队员 C 积极应对和消极应对得分相当，而实验后测显示其以积极性应对方式为主，综合应对方式居中，消极性应对方式最少。

队员 C：

(1) 积极性应对方面（寻求支持、主动应对、正面认识、抑制干扰性活动）比心理调控介入前有了很明显的提高，没有交叉点。

(2) 消极应对方面（忍受、求助宗教、逃避、克制性应对）比心理调控介入前有了很明显降低，虽然求助宗教因子与实验中测有一个交叉点，但还是低于实验前测。

(3) 综合应付方面（情绪宣泄）比实验前测有所降低。主要表现在更主动地寻求社会支持，更积极地主动应对，更多的正面认识，更多的抑制干扰性活动，更少的忍受，更少的逃避和更少的求助宗教。

但根据作者对该队员的了解，他虽然掌握了正确、积极的应对方式，但是在大赛来临之时还是会有一些消极的行为，比如依赖运气和求助于宗教等，导致求助宗教因子得分在赛前较平时训练有所上升。

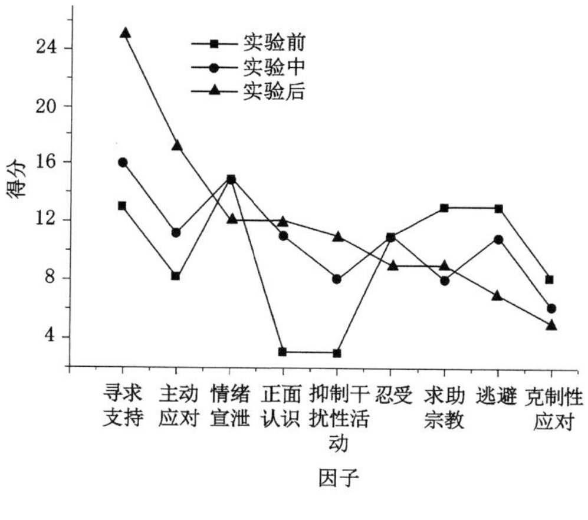

图 5-13　队员 C COPE 应对量表得分

由图 5-14 可以看出，队员 C 的 8 种竞赛策略方面实验前、中、后都有明显的阶段性进步，没有一个交叉点。其主要的心理技能，如自我谈话、情绪控制、自动化、目标设置，特别是表象和放松、激活动员、注意控制都得到了大幅度的提高。由图 5-15 可以看出队员 C 在竞赛策略方面实验前、中、后都有明显的阶段性进步，也没有交叉点。结合图 5-13、图 5-14、图 5-15，说明心理调控对运动员 C 的应对方式有一定的改变。

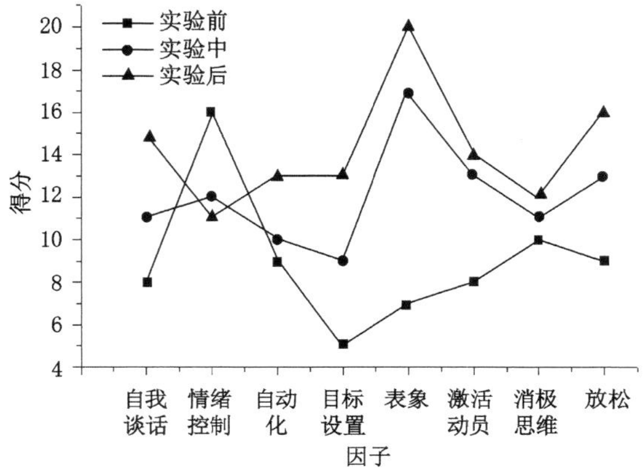

图 5-14　队员 C 竞赛策略量表得分

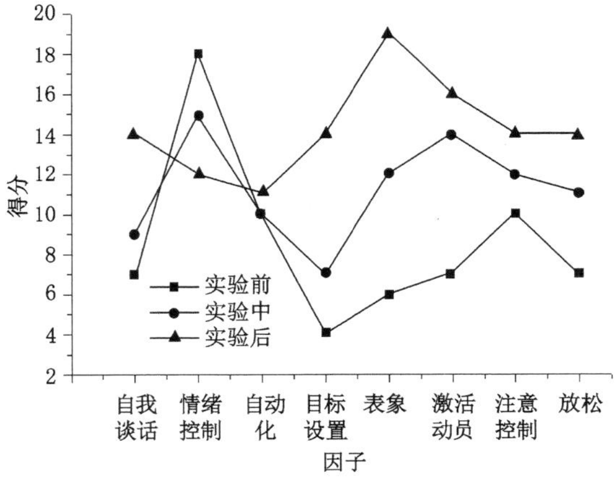

图 5-15　队员 C 训练策略量表得分

由图 5-16 可以看出，实验前测队员 W 积极应对和消极应对得分相当，而实验后测显示其积极应对得分非常高，综合应对居中，消极应对得分处于低谷。

队员 W：

(1) 积极应对方面（寻求支持、主动应对、正面认识、抑制干扰性活动）比心理调控介入前有很明显的提高，没有交叉点。

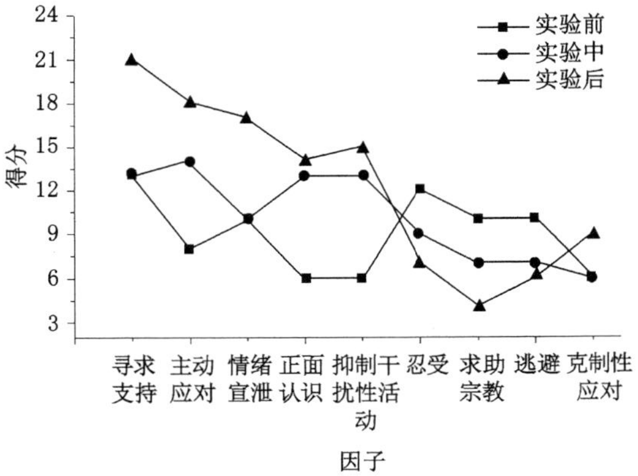

图 5-16　队员 W COPE 应对量表得分

(2) 消极应对方面(忍受、求助宗教、逃避)比心理调控介入前有了很明显的降低,但克制性应对与实验前、中测有一个交叉点。

(3) 综合应对方面(情绪宣泄)比实验前测有提高。主要表现在更主动寻求社会支持,更积极主动应对,更多的正面认识和抑制干扰性活动及更少的忍受、逃避和求助宗教。

根据作者对该队员的了解,他虽然掌握了正确、积极的应对方式,但是由于性格方面的原因(内向、保守),促使其在克制性应对方面还是太过于保守,因此图 5-16 中队员 W 克制性因子得分较实验前测上升。

由图 5-17 可以看出,队员 W 在比赛的过程中能够很好地应用自我谈话,很好地控制自己的情绪,进行表象训练和激活动员,熟练地进行自我放松,消极思

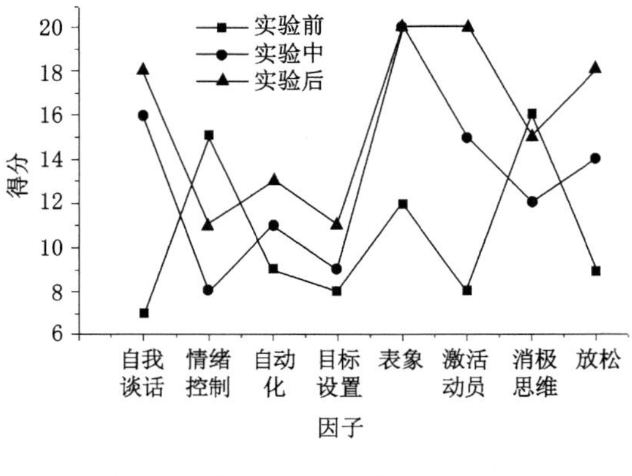

图 5-17　队员 W 竞赛策略量表得分

维比较少，但越临近比赛其情绪还是有所失控，与实验前测相比还是有提高，图 5-17 中显示的情绪控制和消极思维两个因子赛前与平时训练相比有所回升。总体来讲，运动员 W 的竞赛策略是不断进步的。

从图 5-18 可以看出，队员 W 除了激活动员因子实验后测略有下降外，其他的 7 个因子都有很明显的阶段性进步，实验前测显示队员 W 的各项应对策略都很低，但实验中测就有所提高，到心理调控后期已经提高一定幅度。表现为队员 W 在训练的过程中较多利用有效的自我谈话、情绪控制、自动化过程、目标设置、表象、激活动员、注意控制、放松训练等，与竞赛策略测量结果一致：越临近比赛其训练中的情绪控制和激活动员有所下降。结合图 5-16、图 5-17、图 5-18，说明心理调控使运动员 W 的应对方式有了很大程度的改变。

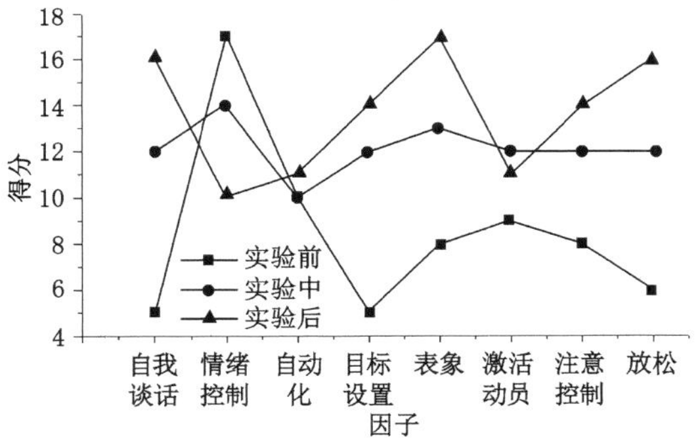

图 5-18　队员 W 训练策略量表得分

由图 5-19 可以看出，实验前测队员 G 消极应对得分高于积极应对，而实验后测显示其积极应对得分很高，综合应对居中，消极应对得分非常低。

队员 G：

(1) 积极应对方面（寻求支持、主动应对、正面认识、抑制干扰性活动）比心理调控介入前都有明显的提高，没有交叉点。

(2) 消极应对方面（忍受、求助宗教、逃避、克制性应对）比心理调控介入前也有很明显的降低，虽然克制性因子与实验中测有一个交叉点，但还是低于实验前测。

(3) 综合应对方面（情绪宣泄）比实验前测有所升高。主要表现在更主动寻求社会支持，更积极主动应对，更多的正面认识和抑制干扰性活动及更少的忍受、逃避和求助宗教。

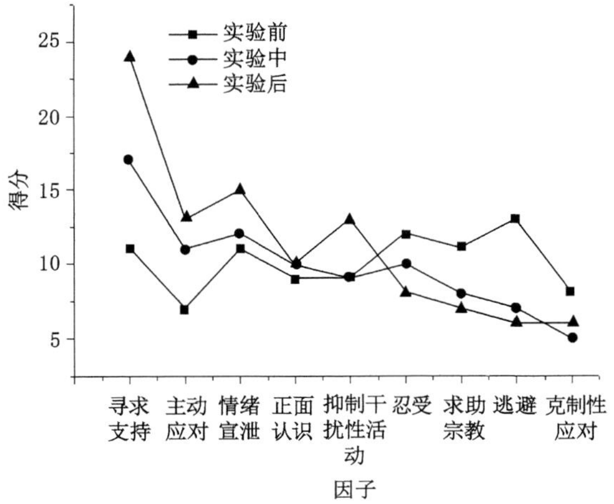

图 5-19　队员 G COPE 应对量表得分

由图 5-20 可以看出,队员 G 的 8 种竞赛应对策略实验后测与实验前测相比都有提高,主要表现为能够很好地应用自我谈话,很好地控制情绪,进行表象训练和激活动员,熟练地进行自我放松,消极思维比较少。队员 G 临近比赛时又会偶尔出现消极思维,没有为自己制定非常详细的行为表现目标和赛后的目标评价。经提示后能及时控制,但比实验前测还是有提高,图 5-20 中显示的消极思维因子赛前与平时训练相比有所回升。总体来讲,运动员 W 的竞赛策略不断进步。

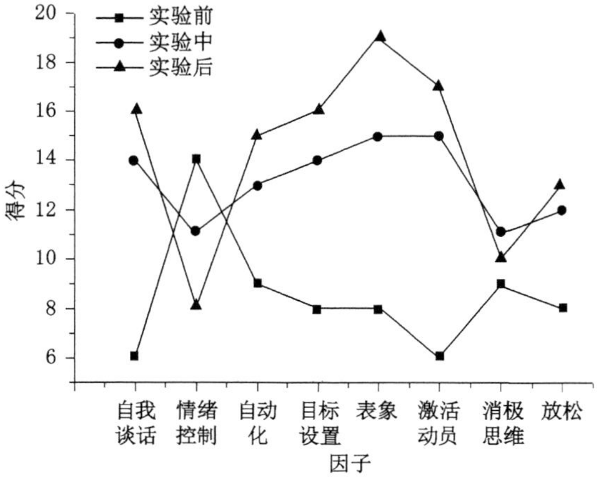

图 5-20　队员 G 竞赛策略得分

从图 5-21 可以看出，队员 G 的 8 种训练策略实验后测比实验前测有很明显的提高，实验前测显示队员 G 的各项应对策略得分都很低，但实验中测就有所提高，心理调控后期持续提高至一定幅度。表现为队员 G 在训练的过程中较多利用有效的自我谈话、情绪控制、自动化过程、目标设置、表象、激活动员、注意控制、放松训练等。但是在接近比赛阶段时，其训练过程中的情绪控制和注意力控制有所下降，从图 5-21 中也可以看出，这与其性格和大赛临近对他的刺激有关。

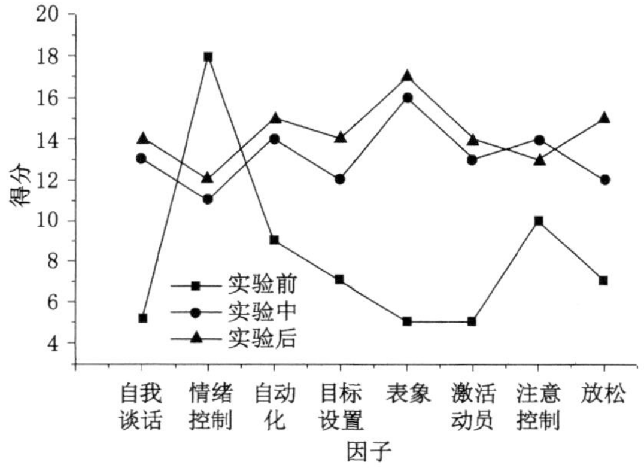

图 5-21　队员 G 训练策略得分

由图 5-22 可以看出，实验前测队员 X 积极应对得分略高于消极应对得分，而实验后测显示其积极性应对得分非常高，综合应对居中，消极应对很少。

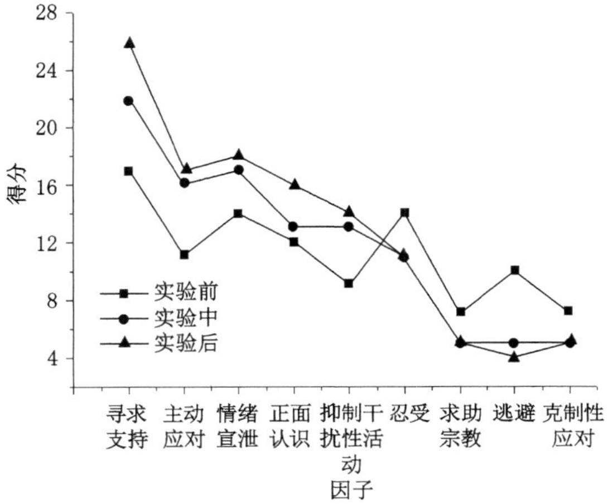

图 5-22　队员 X COPE 应对量表得分

队员 X：

（1）积极应对方面（寻求支持、主动应对、正面认识、抑制干扰性活动）比心理调控介入前都有明显提高，没有交叉点。

（2）消极应对方面（忍受、求助宗教、逃避、克制性应对）比心理调控介入前有很明显降低，也没有交叉点。

（3）综合应对方面（情绪宣泄）比实验前测有所升高。主要表现在更主动寻求社会支持，更积极主动应对，更多的正面认识和抑制干扰性活动及更少的忍受、逃避和求助宗教。

总体来讲，运动员 X 的 9 个应对因子与心理调控介入前相比都有了很明显的阶段性进步，而且持续进步很有规律，这正是心理调控所要达到的目的，也是运动员和教练员都期望的。

由图 5-23 可以看出，队员 X 的 8 种竞赛应对策略实验后测与实验前测相比有阶段性提高，主要表现为能够很好地应用自我谈话和控制情绪，进行表象训练和激活动员，熟练地进行自我放松，消极思维比较少。运动员 X 在竞赛策略测试中所有的因子都是持续上升的，而且与心理调控介入前有很大的变化幅度，说明她的竞赛策略是有很大进步的。

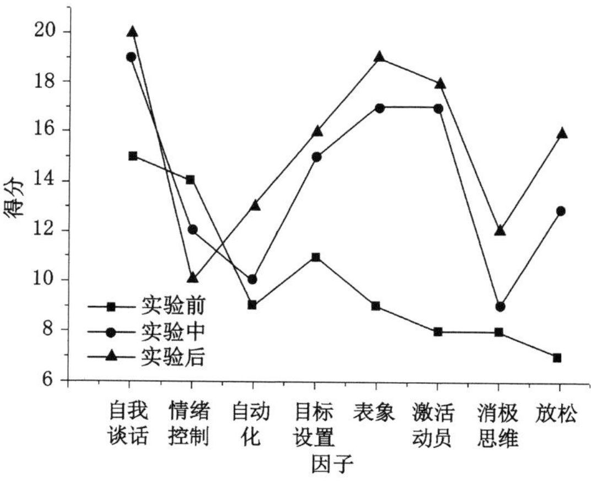

图 5-23　队员 X 竞赛策略得分

由图 5-24 可以看出，队员 X 的 8 种训练应对策略实验后测与实验前测相比有阶段性提高，主要表现为能够很好地应用自我谈话和控制情绪，进行表象训练和激活动员，熟练地进行自我放松，消极思维比较少。除了情绪控制在接近赛前阶段与心理调控介入中期相比有所下降外，其他因子都持续上升，而且与心理调控介入前相比有很大的变化幅度，总体来讲运动员 X 的训练策略有很大进步。

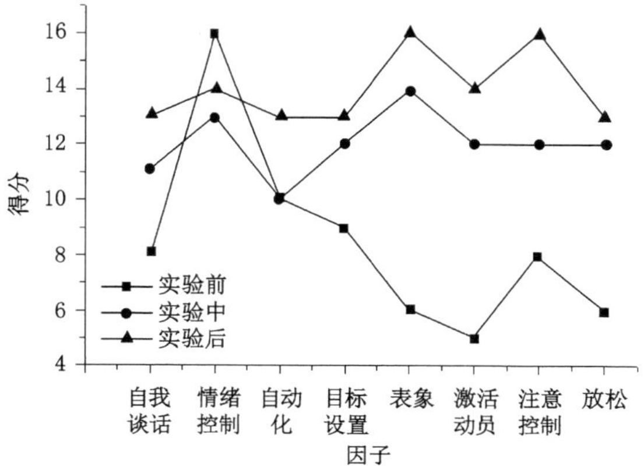

图 5-24　队员 X 训练策略得分

5.2.3　训练质量

5.2.3.1　成功率

冬训和夏训期间，每周都会进行难度测试（成功率），2006 年冬训成绩测试是在作者心理调控介入前一个月进行的，2007 年夏训成绩测试是在心理调控介入中期进行的，评判标准及达标要求随着技术的进步进一步提高，所以在这里只作参考，不作为检验依据。

表 5-1　城运会队员 2006～2007 年冬训测试成绩

测试时间	成功率			
	队员 W	队员 G	队员 X	队员 C
12 月 4 日至 12 月 9 日	100%达标	20%未达标	90%达标	100%达标
12 月 11 日至 12 月 17 日	85%达标	65%未达标	70%达标	100%达标
12 月 18 日至 11 月 24 日	80%达标	70%未达标	80%达标	100%达标
12 月 25 日至 12 月 31 日	90%达标	95%达标	75%达标	85%达标
2 月 1 日至 2 月 4 日	100%达标	90%达标	90%达标	100%达标
2 月 6 日至 2 月 11 日	90%达标	80%达标	90%达标	100%达标

表 5-1(续)

测试时间	成功率			
	队员 W	队员 G	队员 X	队员 C
12 月 4 日至 12 月 9 日	100%达标	20%未达标	90%达标	100%达标
2 月 12 日至 2 月 18 日	100%达标	85%达标	95%达标	100%达标
2 月 19 日至 2 月 25 日	95%达标	90%达标	90%达标	95%达标
2 月 26 日至 3 月 4 日	90%达标	60%未达标	70%未达标	90%达标
3 月 5 日至 3 月 11 日	95%达标	85%达标	90%达标	95%达标
平均成功率	92%	81%	93%	95%

注:难度动作测试项目(312B、322B、323B、324B 四种),各一次;难度动作必须带入组合完成,每个难度动作占 25%,跳动为失败(扣 25%),晃动扣 5%,击响不过肩扣 5%。

表 5-2 城运会队员 2007 年夏训周达标成绩

测试时间	成功率			
	队员 W	队员 G	队员 X	队员 C
7 月 2 日至 7 月 8 日	100%达标	90%达标	100%达标	100%达标
7 月 9 日至 7 月 15 日	100%达标	90%达标	100%达标	90%达标
7 月 16 日至 7 月 22 日	80%未达标	100%达标	100%达标	100%达标
7 月 23 日至 7 月 29 日	100%达标	100%达标	90%达标	95%达标
7 月 30 日至 8 月 5 日	90%达标	100%达标	100%达标	100%达标
8 月 6 日至 8 月 12 日	90%达标	90% 达标	90%达标	100% 达标
平均成功率	95%	95%	97%	97.5%

注:7 月份难度组合一个扣点以内为达标;8 月份完成全套动作,难度动作一个扣点以内为达标(一个扣点减 10%,即 90%为达标)。

比较表 5-1 和表 5-2 可知,虽然测试的标准不断提高,但是四名运动员的成功率仍然有提高。队员 W 的全套成功率由预赛前的 92%提高到 95%;队员 G 的全套成功率由预赛前的 81%提高到 95%;队员 X 的全套成功率由预赛前的 93%提高到 97%;队员 C 的全套成功率由预赛前的 95%提高到 97.5%。四名运动员的成功率都提高了。

5.2.3.2　训练质量

本研究分别取 2006 年冬训和 2007 年夏训一个月的训练质量记录作为实验前测和实验后测，冬训和夏训的训练内容不一样，但是运动员和教练员对训练质量的评价标准是一样的，符合实验设计原理。

从图 5-25、图 5-26、图 5-27 可以看出，队员 C 的训练质量平均值由心理调控前的 5.5 上升到心理调控后的 8.7，提高幅度为 3.2；跨度也有所降低，即训练质量波动幅度减小（由心理调控前的 5.3～6.3 减小到 8.25～9.125）。总体来讲，运动员 C 的训练质量提高幅度明显。

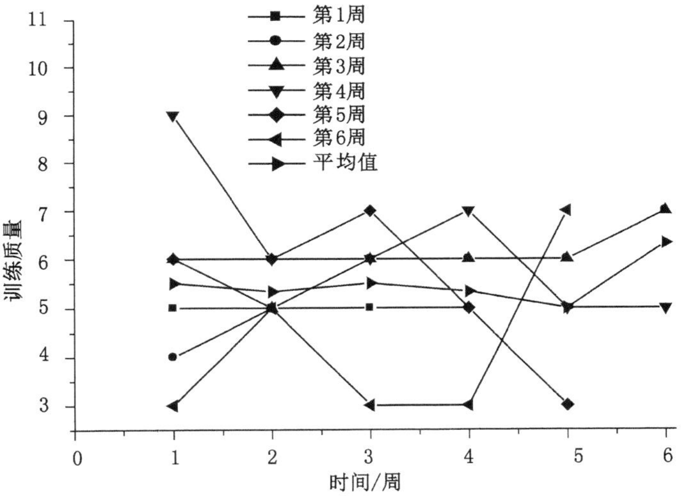

图 5-25　队员 C 训练质量实验前测

从图 5-28、图 5-29、图 5-30 可以看出，队员 W 的训练质量平均值由心理调控前的 4.73 上升到心理调控后的 8.88，提高幅度为 4.15；跨度降低明显，即训练质量波动幅度减小（由心理调控前的 4.2～5.6 减小到 8.75～9.25），说明运动员 W 的训练质量提高幅度非常明显。

从图 5-31、图 5-32、图 5-33 可以看出，队员 G 的训练质量平均值由心理调控前的 5.5 上升到心理调控后的 8.65，提高幅度为 3.15；跨度也有所降低，即训练质量波动幅度减小（由心理调控前的 5.3～6.3 减小到 8.25～9.125），说明运动员 G 的训练质量有所提高。

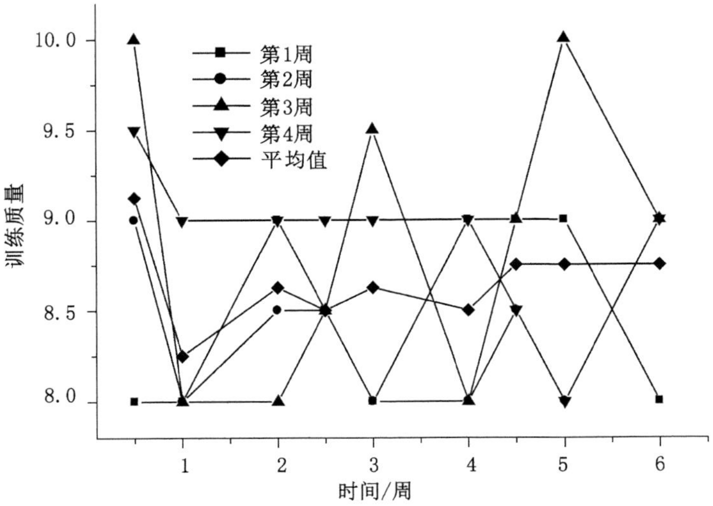

图 5-26　队员 C 训练质量实验后测

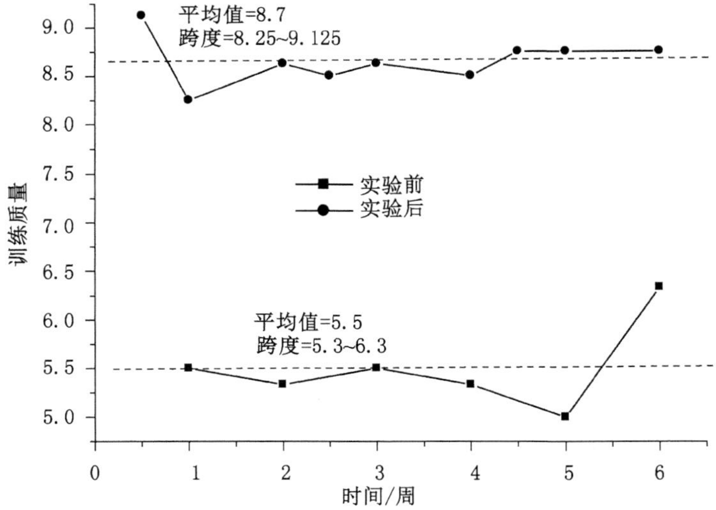

图 5-27　队员 C 训练质量实验前后比较

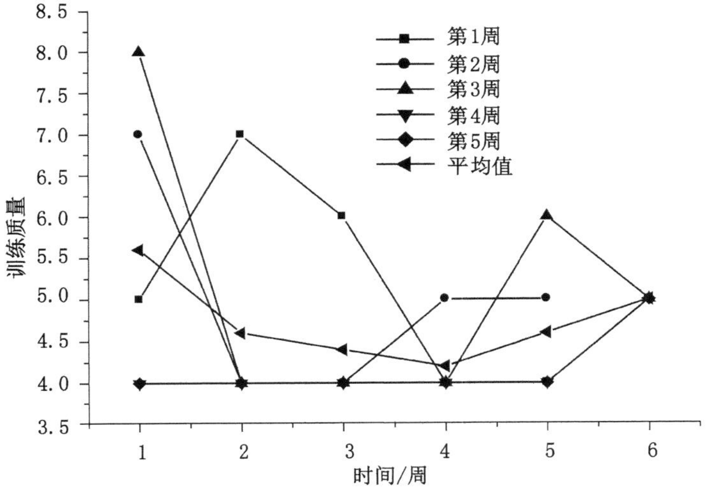

图 5-28　队员 W 训练质量实验前测

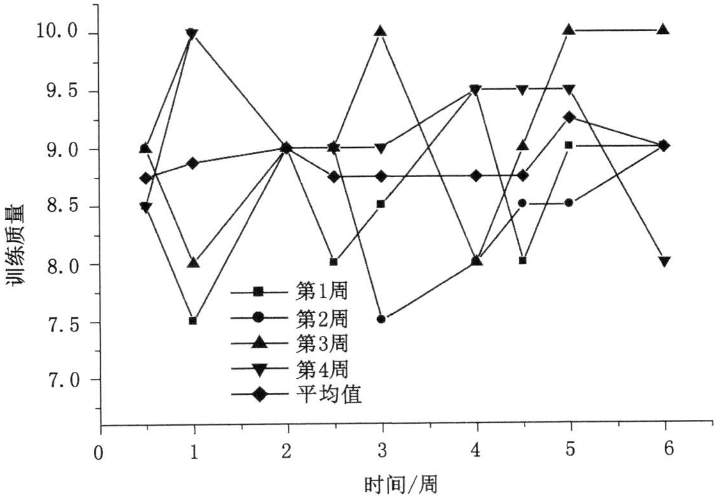

图 5-29　队员 W 训练质量实验后测

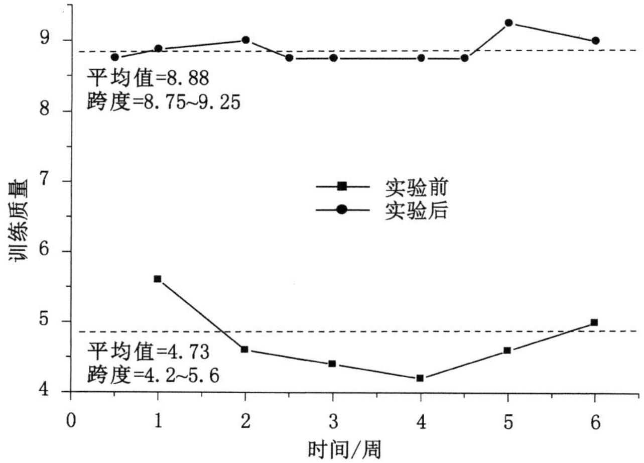

图 5-30 队员 W 训练质量实验前后比较

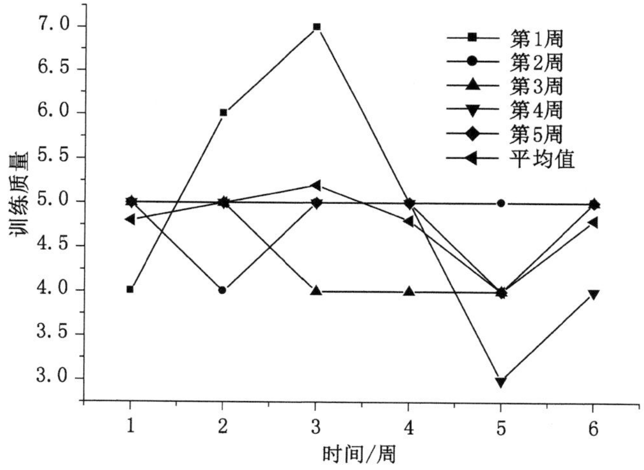

图 5-31 队员 G 训练质量实验前测

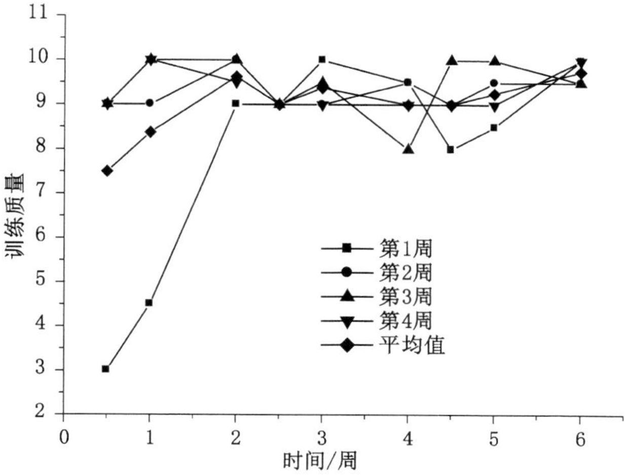

图 5-32 队员 G 训练质量实验后测

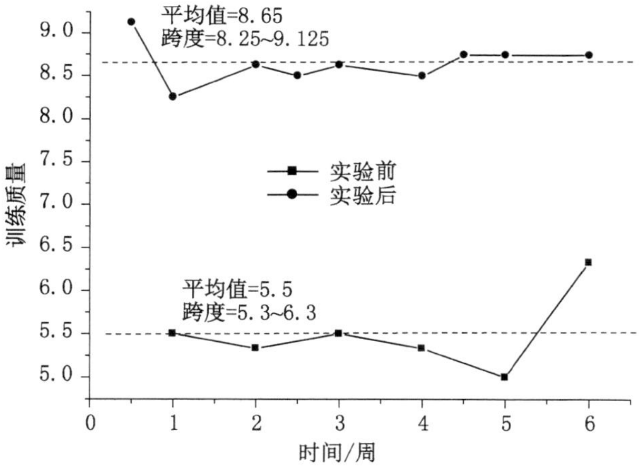

图 5-33 队员 G 训练质量实验前后比较

从图 5-34、图 5-35、图 5-36 可以看出，队员 X 的训练质量平均值由心理调控前的 5.51 上升到心理调控后的 8.95，提高幅度为 3.44；跨度也有所升高，即训练质量波动幅度有所增大（由心理调控前的 5.33～5.83 增大到 8.25～9.125），说明运动员 G 的训练质量有一定的提高。

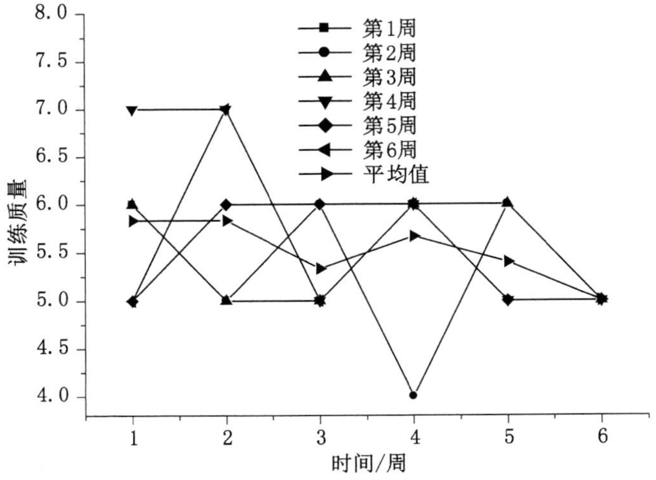

图 5-34　队员 X 训练质量实验前测

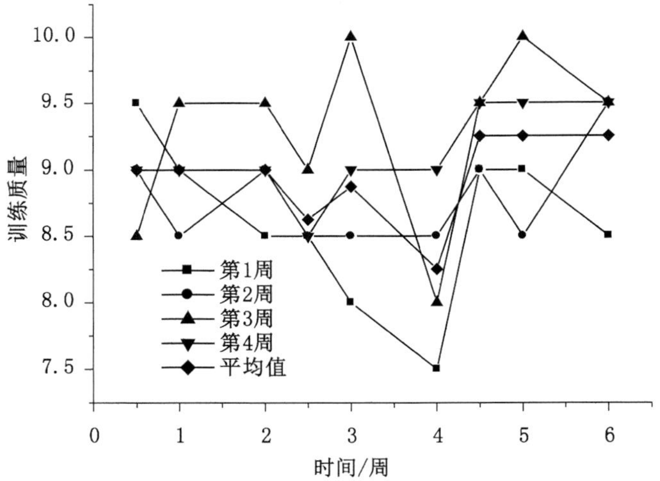

图 5-35　队员 X 训练质量实验后测

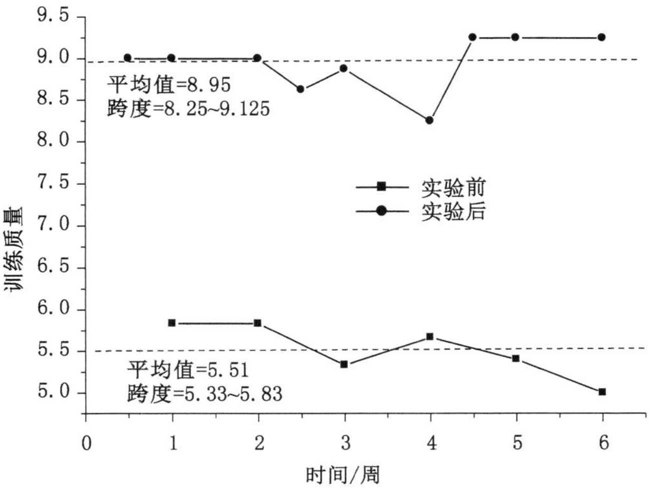

图 5-36　队员 X 训练质量实验前后比较

综上所述，四位运动员心理调控前后训练质量状况在图 5-24 至图 5-36 中可清晰观察到。跨越四位被试的一致性趋势十分明显，即训练质量的分值上升，实验前后没有重叠点，表明心理调控介入后训练质量有了进步。队员 C 的提高幅度为 3.2；队员 G 的提高幅度为 3.15；队员 X 的提高幅度为 3.44；队员 W 的提高幅度为 4.15，效果是四人中最明显的，而且根据作者了解，该队员心理调控介入后的直接效果非常明显。

5.2.4　社会评估

为了使心理调控的效果能被进一步评价，每个被试及其教练还完成一份实践评估问卷，即社会效度的评价，有运动员评估和教练员评估，采用实践评估问卷作为工具，这些问卷是在城运会决赛完成后在训练基地进行施测的（问卷原文见附录 2、附录 3）。

5.2.4.1　运动员的评估

运动员对问卷第 1 题（心理训练期间训练投入有否增加）分别给出 5 分、4 分、4 分、4 分；对第 2 题（心理训练对改善训练质量的帮助）分别给出 5 分、4 分、

4 分、4 分；对第 3 题（心理训练对改善心境的帮助）分别给出 5 分、4 分、4 分、4 分；对第 4 题（心理训练对应对方式的改变）分别给出 5 分、4 分、5 分、4 分；对第 5 题（对心理训练的内容与方式的接受程度）分别给出 5 分、5 分、5 分、5 分；对第 6 题（对决赛时发挥的满意程度）分别给出 4 分、3 分、1 分、1 分。

5.2.4.2 教练员的评估

教练员对问卷第 1 题（心理训练期间运动员的训练投入是否增加）分别给出 4 分、4 分、4 分、3 分；对第 2 题（心理训练对运动员改善训练质量的帮助）均给 4 分；对第 3 题（心理训练对运动员改善心境的帮助）给 5 分、4 分、4 分、3 分；对第 4 题（心理训练对运动员应对方式的改变）均给 5 分；对第 5 题（对心理训练的内容与方式的接受程度）均给 4 分；对第 6 题（对运动员决赛时发挥的满意程度）分别给 5 分、5 分、2 分、1 分。

5.2.5 比赛成绩

武术作为难美类运动项目，要完全采用客观指标来评价不太可能。虽然测验得分也包含了动作难度系数和成套动作成功率这样的客观指标，但总体来说还是教练员、裁判员的主观评定指标占主导，再加上预决赛的裁判员也有变化，因此单纯的比赛得分并不能完全反映运动员预赛和决赛运动成绩的变化。鉴于此，本研究采用比赛名次作为比赛成绩来研究其与心理放松程度的相关性。

队员 X 从预赛的第四名进入决赛的第一名；队员 W 以非常精彩的技术动作保持了决赛的第一名；队员 G 从预赛的第四名降至第八名；队员 C 仍然保持在第十名。

5.2.6 心理放松程度

本研究使用了生物反馈仪作为心理训练的工具之一，但是由于仪器介入时心理调控已经进行到中后期了，无法取得实验前测数据，所以在这里随机采用决赛前的几组放松训练数据，作为运动员心理放松程度的参考指标。表 5-3 至表 5-29 中 A 表示左脑，B 表示右脑。

（1）表 5-3 至表 5-6 为队员 C 呼吸放松系列训练测试结果。

表 5-3　队员 C 呼吸放松训练 1

波型	最小值/μV	最大值/μV	平均值/μV	方差/(μV)^2	标准差/μV	变异系数
[A:疲劳波]	0.92	68.86	10.45	40.75	6.38	0.61
[A:放松波]	0.52	68.27	23.12	150.27	12.26	0.53
[A:注意力波]	0.28	25.83	5.56	9.27	3.04	0.55
[A:兴奋波]	0.28	37.08	6.92	13.85	3.72	0.54
[B:疲劳波]	1.21	68.04	10.42	28.80	5.37	0.52
[B:放松波]	0.28	67.56	22.93	154.47	12.43	0.54
[B:注意力波]	0.28	22.03	6.28	11.48	3.39	0.54
[B:兴奋波]	0.28	42.96	8.62	24.64	4.96	0.58

注:测试持续时间为 197 s。

表 5-4　队员 C 呼吸放松训练 2

波型	最小值/μV	最大值/μV	平均值/μV	方差/(μV)^2	标准差/μV	变异系数
[A:疲劳波]	1.16	110.27	10.35	67.54	8.22	0.79
[A:放松波]	0.79	62.10	20.80	147.90	12.16	0.58
[A:注意力波]	0.28	34.30	5.12	11.08	3.33	0.65
[A:兴奋波]	0.35	127.34	8.19	33.79	5.81	0.71
[B:疲劳波]	0.69	225.96	13.32	263.21	16.22	1.22
[B:放松波]	0.31	102.82	21.43	147.14	12.13	0.57
[B:注意力波]	0.28	59.94	6.29	19.72	4.44	0.71
[B:兴奋波]	0.28	128.66	9.70	53.77	7.33	0.76

注:测试持续时间为 179 s。

表 5-5　队员 C 呼吸放松训练 3

波型	最小值/μV	最大值/μV	平均值/μV	方差/(μV)^2	标准差/μV	变异系数
[A:疲劳波]	1.44	30.83	9.85	19.23	4.39	0.45
[A:放松波]	0.58	63.30	25.19	148.06	12.17	0.48
[A:注意力波]	0.42	36.81	6.83	13.78	3.71	0.54
[A:兴奋波]	0.28	34.67	7.98	18.40	4.29	0.54
[B:疲劳波]	1.42	35.78	10.90	23.17	4.81	0.44
[B:放松波]	1.49	65.92	26.18	148.69	12.19	0.47
[B:注意力波]	0.28	25.19	7.10	13.98	3.74	0.53
[B:兴奋波]	0.73	47.52	9.64	28.54	5.34	0.55

注:测试持续时间为 155 s。

表 5-6 队员 C 呼吸放松训练 4

波型	最小值/μV	最大值/μV	平均值/μV	方差/(μV)^2	标准差/μV	变异系数
[A:疲劳波]	1.35	73.82	11.11	42.07	6.49	0.58
[A:放松波]	0.28	71.71	24.60	128.93	11.35	0.46
[A:注意力波]	0.28	42.41	7.62	23.00	4.80	0.63
[A:兴奋波]	0.28	136.94	8.02	27.06	5.20	0.65
[B:疲劳波]	0.84	80.98	10.98	34.61	5.88	0.54
[B:放松波]	1.34	67.55	23.11	112.23	10.59	0.46
[B:注意力波]	0.39	41.00	7.48	20.03	4.48	0.60
[B:兴奋波]	0.36	144.61	9.14	38.07	6.17	0.68

注:测试持续时间为 281 s。

表 5-3 至表 5-6 同时显示了运动员 C 通过呼吸训练的心理放松状态非常良好且稳定,左右脑放松程度相当。四次疲劳波均小于 10 μV,表示不疲劳;四次放松波均处于放松波段的上限,表示非常放松;而注意力波和兴奋波都适中,这是一种非常好的心理放松状态(放松常模见附录 7)。

(2) 表 5-7 至表 5-9 为队员 C 自身放松系列训练测试结果。

表 5-7 对员 C 自身放松训练 1

波型	最小值/μV	最大值/μV	平均值/μV	方差/(μV)^2	标准差/μV	变异系数
[A:疲劳波]	0.72	51.93	9.80	23.49	4.85	0.49
[A:放松波]	0.48	74.26	24.38	146.77	12.11	0.50
[A:注意力波]	0.28	24.01	5.15	8.38	2.89	0.56
[A:兴奋波]	0.28	61.94	6.76	14.33	3.79	0.56
[B:疲劳波]	0.60	41.83	10.39	22.70	4.76	0.46
[B:放松波]	0.62	75.48	25.46	152.31	12.34	0.48
[B:注意力波]	0.28	28.45	6.09	10.91	3.30	0.54
[B:兴奋波]	0.28	71.62	8.49	24.79	4.98	0.59

注:测试持续时间为 894 s。

表 5-8　队员 C 自身放松训练 2

波型	最小值/μV	最大值/μV	平均值/μV	方差/(μV)^2	标准差/μV	变异系数
[A:疲劳波]	0.94	495.20	10.86	177.77	13.33	1.23
[A:放松波]	0.28	381.85	21.63	146.71	12.11	0.56
[A:注意力波]	0.28	265.86	4.98	30.82	5.55	1.11
[A:兴奋波]	0.28	487.79	7.17	44.79	6.69	0.93
[B:疲劳波]	0.63	50.42	10.18	23.24	4.82	0.47
[B:放松波]	0.28	66.14	21.861	14.92	10.72	0.49
[B:注意力波]	0.28	34.20	5.65	10.84	3.29	0.58
[B:兴奋波]	0.28	103.77	8.33	29.12	5.40	0.65

注:测试持续时间为 806 s。

表 5-9　队员 C 自身放松训练 3

波型	最小值/μV	最大值/μV	平均值/μV	方差/(μV)^2	标准差/μV	变异系数
[A:疲劳波]	0.74	55.07	9.51	25.89	5.09	0.54
[A:放松波]	0.34	71.31	23.98	143.28	11.97	0.50
[A:注意力波]	0.28	41.26	6.42	13.07	3.62	0.56
[A:兴奋波]	0.28	93.85	7.47	17.94	4.24	0.57
[B:疲劳波]	0.57	62.27	10.74	26.28	5.13	0.48
[B:放松波]	0.45	76.99	24.60	139.11	11.79	0.48
[B:注意力波]	0.28	64.80	7.08	15.42	3.93	0.55
[B:兴奋波]	0.28	120.94	9.00	28.79	5.37	0.60

注:测试持续时间为 901 s。

表 5-7 至表 5-9 同时显示了运动员 C 通过自身训练的心理放松状态非常好,左右脑放松程度相当。四次疲劳波均小于 10 μV,表示不疲劳;四次放松波均处于放松波段的上限,表示非常放松;而注意力波和兴奋波都适中,这同样是一种非常好的心理放松状态。

(3) 表 5-10 至表 5-13 为队员 W 呼吸放松系列训练测试结果。

表 5-10　队员 W 呼吸放松训练 1

波型	最小值/μV	最大值/μV	平均值/μV	方差/(μV)^2	标准差/μV	变异系数
[A:疲劳波]	0.63	99.59	12.78	73.05	8.55	0.67
[A:放松波]	0.28	66.76	22.56	94.48	9.72	0.43
[A:注意力波]	0.28	42.76	4.57	7.94	2.82	0.62
[A:兴奋波]	0.28	60.45	7.10	16.77	4.10	0.58
[B:疲劳波]	0.28	138.95	12.74	136.86	11.70	0.92
[B:放松波]	0.28	108.40	22.85	97.33	9.87	0.43
[B:注意力波]	0.28	97.45	4.90	19.62	4.43	0.90
[B:兴奋波]	0.28	156.26	7.69	37.69	6.14	0.80

注:测试持续时间为 188 s。

表 5-11　队员 W 呼吸放松训练 2

波型	最小值/μV	最大值/μV	平均值/μV	方差/(μV)^2	标准差/μV	变异系数
[A:疲劳波]	0.37	44.32	10.86	27.56	5.25	0.48
[A:放松波]	0.28	59.16	21.72	81.36	9.02	0.42
[A:注意力波]	0.28	31.34	4.12	6.30	2.51	0.61
[A:兴奋波]	0.28	68.22	6.66	16.30	4.04	0.61
[B:疲劳波]	0.38	61.88	12.00	40.56	6.37	0.53
[B:放松波]	0.28	53.96	21.22	78.69	8.87	0.42
[B:注意力波]	0.28	21.02	4.31	5.91	2.43	0.56
[B:兴奋波]	0.28	44.58	7.08	15.13	3.89	0.55

注:测试持续时间为 355 s。

表 5-12　队员 W 呼吸放松训练 3

波型	最小值/μV	最大值/μV	平均值/μV	方差/(μV)^2	标准差/μV	变异系数
[A:疲劳波]	0.85	69.44	11.90	32.39	5.69	0.48
[A:放松波]	0.89	69.34	25.06	97.66	9.88	0.39
[A:注意力波]	0.28	19.22	4.13	5.06	2.25	0.54
[A:兴奋波]	0.28	44.41	6.70	12.89	3.59	0.54
[B:疲劳波]	1.20	58.90	12.56	46.46	6.82	0.54
[B:放松波]	0.28	61.38	23.84	88.41	9.40	0.39
[B:注意力波]	0.28	17.66	4.36	5.54	2.35	0.54
[B:兴奋波]	0.28	36.22	7.06	14.62	3.82	0.54

注:测试持续时间为 602 s。

表 5-13　队员 W 呼吸放松训练 4

波型	最小值/μV	最大值/μV	平均值/μV	方差/(μV)^2	标准差/μV	变异系数
[A:疲劳波]	2.36	57.88	16.22	78.20	8.84	0.55
[A:放松波]	2.77	64.60	29.23	108.50	10.42	0.36
[A:注意力波]	0.28	23.08	4.69	8.01	2.83	0.60
[A:兴奋波]	0.42	67.27	7.65	21.90	4.68	0.61
[B:疲劳波]	1.41	77.25	20.56	192.82	13.89	0.68
[B:放松波]	1.94	71.10	31.10	122.74	11.08	0.36
[B:注意力波]	0.28	21.94	5.65	9.68	3.11	0.55
[B:兴奋波]	0.43	40.85	9.14	26.86	5.18	0.57

注:测试持续时间为 104 s。

表 5-10 至表 5-13 同时显示了运动员 W 通过呼吸训练的心理放松状态良好且稳定(变异系数均为 0.5 左右),左右脑放松程度相当。四次疲劳波均略高于 10 μV,表示有点疲劳;四次放松波均处于放松波段的上限,表示非常放松;而注意力波和兴奋波都略低,表明处于一种非常好的心理放松状态之中。

(4) 表 5-14 至表 5-16 为队员 W 自身放松系列训练测试结果。

表 5-14　队员 W 自身放松训练 1

波型	最小值/μV	最大值/μV	平均值/μV	方差/(μV)^2	标准差/μV	变异系数
[A:疲劳波]	1.22	59.64	10.80	25.25	5.03	0.47
[A:放松波]	0.74	59.72	23.45	82.96	9.11	0.39
[A:注意力波]	0.28	16.07	4.11	5.04	2.25	0.55
[A:兴奋波]	0.28	32.70	6.46	11.40	3.38	0.52
[B:疲劳波]	1.28	75.14	11.04	34.94	5.91	0.54
[B:放松波]	1.23	57.30	23.46	82.83	9.10	0.39
[B:注意力波]	0.28	21.82	4.24	5.55	2.36	0.56
[B:兴奋波]	0.28	36.28	6.64	12.42	3.52	0.53

注:测试持续时间为 473 s。

表 5-15　队员 W 自身放松训练 2

波型	最小值/μV	最大值/μV	平均值/μV	方差/(μV)^2	标准差/μV	变异系数
[A:疲劳波]	0.98	65.18	10.29	31.58	5.62	0.55
[A:放松波]	0.39	135.73	23.26	128.46	11.33	0.49
[A:注意力波]	0.28	170.85	4.39	30.95	5.56	1.27
[A:兴奋波]	0.28	253.10	7.01	62.46	7.90	1.13
[B:疲劳波]	0.83	230.97	11.42	65.54	8.10	0.71
[B:放松波]	0.36	104.76	23.49	128.92	11.35	0.48
[B:注意力波]	0.28	108.96	4.79	26.38	5.14	1.07
[B:兴奋波]	0.28	238.26	7.89	63.40	7.96	1.01

注:测试持续时间为 752 s。

表 5-16　队员 W 自身放松训练 3

波型	最小值/μV	最大值/μV	平均值/μV	方差/(μV)^2	标准差/μV	变异系数
[A:疲劳波]	1.00	148.47	12.12	95.07	9.75	0.80
[A:放松波]	0.28	65.63	25.29	131.33	11.46	0.45
[A:注意力波]	0.28	21.03	4.07	5.72	2.39	0.59
[A:兴奋波]	0.28	46.36	7.17	15.91	3.99	0.56
[B:疲劳波]	0.79	211.87	14.37	164.21	12.81	0.89
[B:放松波]	0.59	77.24	25.35	127.10	11.27	0.44
[B:注意力波]	0.28	67.20	4.68	10.51	3.24	0.69
[B:兴奋波]	0.31	89.67	8.12	25.75	5.07	0.63

注:测试持续时间为 396 s。

表 5-14 至表 5-16 同时显示了运动员 W 自身训练后的心理放松状态非常好,左右脑放松程度相当。四次疲劳波的平均值都是 10 μV 左右,表示不疲劳;四次放松波均处于放松波段的上限,远高于 20 μV,表示放松效果非常好;而注意力波和兴奋波都适中,这同样是一种非常好的心理放松状态。

(5) 表 5-17 至表 5-19 为队员 G 呼吸放松系列训练测试结果。

表 5-17　队员 G 呼吸放松训练 1

波型	最小值/μV	最大值/μV	平均值/μV	方差/(μV)^2	标准差/μV	变异系数
[A:疲劳波]	0.94	31.90	8.93	17.09	4.13	0.46
[A:放松波]	0.44	37.19	10.95	32.22	5.68	0.52
[A:注意力波]	0.28	35.76	7.03	12.51	3.54	0.50
[A:兴奋波]	0.28	83.73	6.94	13.74	3.71	0.53
[B:疲劳波]	0.81	46.68	9.36	19.52	4.42	0.47
[B:放松波]	0.82	37.23	10.34	27.23	5.22	0.50
[B:注意力波]	0.28	32.89	6.66	11.42	3.38	0.51
[B:兴奋波]	0.28	76.83	6.55	15.27	3.91	0.60

注:测试持续时间为 276 s。

表 5-18　队员 G 呼吸放松训练 2

波型	最小值/μV	最大值/μV	平均值/μV	方差/(μV)^2	标准差/μV	变异系数
[A:疲劳波]	0.28	100.69	9.35	40.90	6.40	0.68
[A:放松波]	0.28	39.51	10.77	33.01	5.75	0.53
[A:注意力波]	0.28	23.10	6.65	12.33	3.51	0.53
[A:兴奋波]	0.35	42.87	7.71	15.84	3.98	0.52
[B:疲劳波]	0.28	99.26	10.70	49.90	7.06	0.66
[B:放松波]	0.28	58.68	11.11	36.91	6.08	0.55
[B:注意力波]	0.28	22.76	7.29	13.86	3.72	0.51
[B:兴奋波]	0.28	40.31	7.97	19.66	4.43	0.56

注:测试持续时间为 183 s。

表 5-19　队员 G 呼吸放松训练 3

波型	最小值/μV	最大值/μV	平均值/μV	方差/(μV)^2	标准差/μV	变异系数
[A:疲劳波]	0.28	147.64	8.79	54.87	7.41	0.84
[A:放松波]	0.28	63.69	9.10	29.16	5.40	0.59
[A:注意力波]	0.28	39.32	5.63	11.36	3.37	0.60
[A:兴奋波]	0.28	76.45	7.96	20.10	4.48	0.56
[B:疲劳波]	0.28	597.49	11.27	239.15	15.46	1.37
[B:放松波]	0.28	185.24	9.54	38.99	6.24	0.65
[B:注意力波]	0.28	119.02	6.42	17.64	4.20	0.65
[B:兴奋波]	0.28	168.91	7.54	26.60	5.16	0.68

注:测试持续时间为 973 s。

由表 5-17 至表 5-19 可以看出，运动员 G 通过呼吸训练的放松效果不是很好，四次疲劳波的平均值都略低于 10 μV，表示不疲劳，但是放松波也在10 μV左右，处于放松波段的下限，仅是有点放松。

(6) 表 5-20 至表 5-22 为队员 G 自身放松系列训练测试结果。

表 5-20　队员 G 自身放松训练 1

波型	最小值/μV	最大值/μV	平均值/μV	方差/(μV)^2	标准差/μV	变异系数
[A:疲劳波]	0.28	32.03	7.13	10.61	3.26	0.46
[A:放松波]	0.28	31.93	7.20	16.71	4.09	0.57
[A:注意力波]	0.28	20.00	4.87	7.88	2.81	0.58
[A:兴奋波]	0.28	28.06	7.21	12.32	3.51	0.49
[B:疲劳波]	0.28	25.16	7.23	9.90	3.15	0.44
[B:放松波]	0.28	30.25	6.87	14.86	3.85	0.56
[B:注意力波]	0.28	19.54	4.69	7.32	2.71	0.58
[B:兴奋波]	0.28	26.24	5.91	10.59	3.25	0.55

注：测试持续时间为 865 s。

表 5-21　队员 G 自身放松训练 2

波型	最小值/μV	最大值/μV	平均值/μV	方差/(μV)^2	标准差/μV	变异系数
[A:疲劳波]	0.51	37.35	7.83	13.09	3.62	0.46
[A:放松波]	0.28	51.15	6.73	18.16	4.26	0.63
[A:注意力波]	0.28	29.36	4.19	7.30	2.70	0.64
[A:兴奋波]	0.28	93.07	6.63	11.29	3.36	0.51
[B:疲劳波]	0.85	35.03	8.96	14.54	3.81	0.43
[B:放松波]	0.28	30.97	7.12	19.20	4.38	0.62
[B:注意力波]	0.28	20.36	4.73	8.56	2.93	0.62
[B:兴奋波]	0.28	53.30	5.97	11.23	3.35	0.56

注：测试持续时间为 694 s。

表 5-22　队员 G 自身放松训练 3

波型	最小值/μV	最大值/μV	平均值/μV	方差/(μV)^2	标准差/μV	变异系数
[A:疲劳波]	0.58	37.70	9.67	21.53	4.64	0.48
[A:放松波]	0.39	37.23	11.83	36.73	6.06	0.51
[A:注意力波]	0.28	25.45	7.44	15.77	3.97	0.53
[A:兴奋波]	0.33	26.81	7.89	13.93	3.73	0.47
[B:疲劳波]	1.71	54.60	10.67	28.95	5.38	0.50
[B:放松波]	0.50	60.02	11.32	42.07	6.49	0.57
[B:注意力波]	0.39	44.45	7.42	22.04	4.69	0.63
[B:兴奋波]	0.49	158.19	7.76	51.07	7.15	0.92

注:测试持续时间为 148 s。

由表 5-20 至表 5-22 可以看出,运动员 G 通过自身训练的放松效果不好,四次疲劳波的平均值都略低于 10 μV,表示不疲劳,但是四次放松波也在 10 μV 左右,甚至平均值还曾出现 6.73 μV,远低于 20 μV,仅是有点放松。

(7) 表 5-23 至表 5-26 为队员 X 呼吸放松系列训练测试结果。

表 5-23　队员 X 呼吸放松训练 1

波型	最小值/μV	最大值/μV	平均值/μV	方差/(μV)^2	标准差/μV	变异系数
[A:疲劳波]	0.28	55.14	11.37	30.07	5.48	0.48
[A:放松波]	0.28	54.06	15.64	67.97	8.24	0.53
[A:注意力波]	0.28	26.03	6.68	12.23	3.50	0.52
[A:兴奋波]	0.35	30.67	8.38	16.59	4.07	0.49
[B:疲劳波]	0.28	50.88	11.84	36.30	6.03	0.51
[B:放松波]	0.28	45.30	15.54	64.08	8.00	0.52
[B:注意力波]	0.28	24.73	7.20	15.42	3.93	0.55
[B:兴奋波]	0.28	42.41	10.19	28.45	5.33	0.52

注:测试持续时间为 186 s。

表 5-24 队员 X 呼吸放松训练 2

波型	最小值/μV	最大值/μV	平均值/μV	方差/(μV)^2	标准差/μV	变异系数
[A:疲劳波]	1.27	62.10	10.46	27.13	5.21	0.50
[A:放松波]	0.67	53.12	14.36	57.81	7.60	0.53
[A:注意力波]	0.28	18.87	6.03	9.89	3.14	0.52
[A:兴奋波]	0.28	42.08	7.99	15.22	3.90	0.49
[B:疲劳波]	0.60	64.26	11.85	29.98	5.48	0.46
[B:放松波]	0.49	50.93	14.52	58.36	7.64	0.53
[B:注意力波]	0.41	21.69	6.66	12.58	3.55	0.53
[B:兴奋波]	0.28	49.94	8.86	29.38	5.42	0.61

注:测试持续时间为 227 s。

表 5-25 队员 X 呼吸放松训练 3

波型	最小值/μV	最大值/μV	平均值/μV	方差/(μV)^2	标准差/μV	变异系数
[A:疲劳波]	1.29	94.89	11.51	45.08	6.71	0.58
[A:放松波]	0.76	50.27	14.54	54.49	7.38	0.51
[A:注意力波]	0.28	20.61	5.93	10.64	3.26	0.55
[A:兴奋波]	0.28	25.80	8.70	16.50	4.06	0.47
[B:疲劳波]	1.45	90.38	12.48	40.50	6.36	0.51
[B:放松波]	0.56	53.07	15.10	60.80	7.80	0.52
[B:注意力波]	0.28	18.26	6.21	9.90	3.15	0.51
[B:兴奋波]	0.40	33.17	8.52	19.85	4.46	0.52

注:测试持续时间为 183 s。

表 5-26 队员 X 呼吸放松训练 4

波型	最小值/μV	最大值/μV	平均值/μV	方差/(μV)^2	标准差/μV	变异系数
[A:疲劳波]	0.62	103.48	12.26	63.15	7.95	0.65
[A:放松波]	0.28	46.52	14.03	49.47	7.03	0.50
[A:注意力波]	0.28	20.83	5.32	8.87	2.98	0.56
[A:兴奋波]	0.34	41.42	8.75	19.01	4.36	0.50
[B:疲劳波]	0.70	95.79	13.37	78.58	8.86	0.66
[B:放松波]	0.71	47.23	14.17	49.97	7.07	0.50
[B:注意力波]	0.28	27.52	5.95	10.29	3.21	0.54
[B:兴奋波]	0.66	39.23	9.43	24.66	4.97	0.53

注:测试持续时间为 188 s。

由表 5-23 至表 5-26 可以看出，运动员 X 通过呼吸训练的放松效果不是很好，四次疲劳波的平均值都略高于 10 μV，表示有点疲劳，但是放松波都是 15 μV左右，处于有点放松状态。

（8）表 5-27 至表 5-29 为队员 X 自身放松系列训练测试结果。

表 5-27　队员 X 自身放松训练 1

波型	最小值/μV	最大值/μV	平均值/μV	方差/(μV)^2	标准差/μV	变异系数
[A:疲劳波]	1.06	148.21	10.36	39.80	6.31	0.61
[A:放松波]	0.41	50.42	14.14	59.70	7.73	0.55
[A:注意力波]	0.28	25.19	6.61	12.04	3.47	0.52
[A:兴奋波]	0.28	29.60	9.28	19.68	4.44	0.48
[B:疲劳波]	1.00	106.81	10.53	32.97	5.74	0.55
[B:放松波]	0.33	46.72	13.61	54.04	7.35	0.54
[B:注意力波]	0.28	25.89	6.69	12.59	3.55	0.53
[B:兴奋波]	0.37	48.74	8.68	21.24	4.61	0.53

注：测试持续时间为 403 s。

表 5-28　队员 X 自身放松训练 2

波型	最小值/μV	最大值/μV	平均值/μV	方差/(μV)^2	标准差/μV	变异系数
[A:疲劳波]	0.64	75.38	10.01	32.28	5.68	0.57
[A:放松波]	0.28	47.86	12.60	54.70	7.40	0.59
[A:注意力波]	0.28	30.27	5.88	10.45	3.23	0.55
[A:兴奋波]	0.40	43.07	8.94	19.00	4.36	0.49
[B:疲劳波]	1.08	83.32	12.03	41.77	6.46	0.54
[B:放松波]	0.54	52.24	13.21	55.84	7.47	0.57
[B:注意力波]	0.28	33.17	6.98	14.82	3.85	0.55
[B:兴奋波]	0.38	71.02	9.64	40.90	6.40	0.66

注：测试持续时间为 440 s。

表 5-29　队员 X 自身放松训练 3

波型	最小值/μV	最大值/μV	平均值/μV	方差/(μV)^2	标准差/μV	变异系数
[A:疲劳波]	0.62	112.89	11.89	92.38	9.61	0.81
[A:放松波]	0.28	75.39	12.86	54.49	7.38	0.57
[A:注意力波]	0.28	45.28	5.39	10.56	3.25	0.60
[A:兴奋波]	0.36	95.08	9.63	27.16	5.21	0.54
[B:疲劳波]	0.94	116.13	11.91	78.89	8.88	0.75
[B:放松波]	0.41	42.47	12.67	49.05	7.00	0.55
[B:注意力波]	0.28	39.25	5.46	9.87	3.14	0.57
[B:兴奋波]	0.28	94.05	8.26	23.80	4.88	0.59

注:测试持续时间为 434 s。

由表 5-27 至表 5-29 可以看出,运动员 X 通过自身训练的放松效果不是特别好,四次疲劳波的平均值都略高于 10 μV,表示有点疲劳,放松波在 12～14 μV之间,处于有点放松状态。

综上所述,由表 5-3 至表 5-29 可以看出,队员 C、W 的心理放松程度非常好,他们能够通过呼吸训练很快进入放松状态以及自身放松训练状态。疲劳波、注意力波和兴奋波都较低,放松波非常高,显示为一种非常好的放松状态。而队员 G、X 的放松程度相对不及另两位,他们的疲劳波、注意力波和兴奋波也较低,但放松波只是处于有点放松的波段。这与作者设计的针对性心理技能训练有关(即队员 G、X 并没有被要求进行很多的放松训练)。

第6章 结　　论

本书研究的基本目的是检验能否通过心理调控来改善武术套路运动员训练中的心境和比赛的应对方式，进而提高训练质量。通过非共时、多基线水平的实验设计来比较心理调控介入前后运动员的心境和应对方式是否有显著的改善。更为重要的是，这种心境和应对方式的改善程度与训练质量的提高及心理放松程度紧密相连。

(1) 通过心理调控，武术运动员的心境得到改善。

从心理调控介入前后心境变化的结果来看，队员C、W改善明显，队员G、X的改善程度虽然不及另外两名队员，但仍然有很大程度的改善。以赫里凯科和马丁(1996)建议的“视觉化检验”的四条标准来衡量，作者有足够的信心认为心理调控对运动员训练中心境的改善有显著的效果。无论是四名运动员的个人改变情况，还是跨运动员的一致性趋势，心境的改善十分明显。可以肯定地得出本课题实施的心理调控有效改善了运动员的心境这一结论，即本研究的假设一得到了证实。

(2) 通过心理调控，武术运动员的应对方式得到改善。

从心理调控介入前后应对方式变化的结果来看，队员W、X改善明显，心理调控介入后的应对方式产生了显著性变化，9个应对因子分值全部朝向积极性方面上升，以积极性应对方式为主，消极性应对方式很少。队员C、G分别有1～2个应对因子于实验中测有重复点甚至交叉点，改善程度相对不及另外两名队员，但仍然有一定程度的改善，应对方式也由实验前的消极性应对转向积极性应对。作者认为心理调控使运动员训练和比赛中的应对方式得到提高，改善效果显著，即本研究的假设二得到了证实。

(3) 通过心理调控，武术运动员心境和应对方式改善，武术运动员的训练质量得到提高。

通过得到心理调控使心境和应对方式改善这一结论，进一步对心理调控介入前后训练质量变化情况进行分析，可以看到，无论是四名运动员的个人改变情况，还是跨运动员的一致性趋势，训练质量的提高十分明显。以同样的“视觉化检验”标准来评价，作者可以肯定地得出本课题实施的心理调控通过改善心境和应对方式，对提高训练质量有显著效果这一结论，即本研究的假设三得到了证实。

(4) 社会效度方面对心理调控的效果给予了肯定。

运动员与教练员对“实践评估问卷”的回答被用来对心理调控的效果作进一步的评价。运动员对于问卷第 1 题(训练投入是否增加)、第 2 题(训练质量的提高)、第 3 题(心境的改善)的回答略有不同，对于问卷第 5 题(对心理训练的内容与方式的接受程度)都给予了非常高的肯定，运动员对这几题的评估略高于教练员。

这种情况的出现是由于运动员的自我要求与教练员对运动员的要求不一致。因为教练员对运动员的评价更多的是横向要求，无论是训练质量还是心境、应对方式等，基本都用一个标准要求所有的队员，但运动员却是从自身出发，角度不一样，评价自然就不一样。例如，运动员 G 属于比较聪明但喜欢偷懒型，他认为自己这样的训练方式效率高，但是教练员喜欢扎扎实实的训练方式，这样就导致不同的评价结果。

出现这种情况的原因还与决赛结果有关。队员 C 从预赛的第十名到决赛仍然保持第十名，而队员 G 虽然决赛前的运动表现比预赛前有了明显的进步(队员 G 的成套动作成功率从预赛时的 81.5%上升到决赛时的 95%，是四人中进步幅度最大的)，但最终比赛成绩还是出现了倒退，因此他们给予的社会效度评价略偏低。

教练员对于问卷第 1 题、第 2 题、第 3 题给出了相对于运动员较低的分数。但教练员对于第 4 题(对应对方式的改善)、第 6 题(比赛发挥的满意程度)的回答还是给予了高于运动员得分的评价，即从他们的角度来看，四名运动员的应对方式均有很大程度的改善，且均在决赛中充分发挥了各自的能力，虽然个别队员比赛结果不是很令人满意，但是比赛成绩不能代表一切。教练员的回答支持了心理调控能改善心境和应对方式，进而提高训练质量和保障比赛发挥这一联系。

综上所述，运动员与教练员对问卷的回答在社会效度方面对心理调控的效果给予了肯定。

(5) 从生物反馈的角度证明了心境状态测量的准确性。

从生物反馈心理放松程度的数据来看，队员 C、W 的放松程度最明显，特别是放松波都是处于放松阶段的上限(放松分为不放松、有点放松、比较放松和很放松四个阶段),而疲劳波的平均值都处于疲劳的最低阶段(疲劳分为不疲劳、有点疲劳、比较疲劳和很疲劳四个阶段),表示放松效果非常好。而队员 G、X 的心理放松程度不及另外两名队员,波形显示他们只是处于有点放松阶段和有点疲劳阶段,与心境状态测试结果一致,即从生物反馈的角度证明了心境测量的准确性。

(6) 武术运动员的心理放松状态与比赛成绩呈倒 U 形相关。

① 运动员 C 的过度放松状态与比赛成绩呈负相关。

运动员 C 的心理状态是不疲劳、放松程度非常高、注意力和兴奋度低下。这种过度放松的心理状态,说明比赛并没有对其产生很大的刺激,运动员身体没有达到比赛适宜的唤醒水平,运动焦虑低下。而从比赛成绩来看,队员 C 从预赛的第十名到决赛还是第十名,说明他的过度放松与比赛成绩呈负相关。

② 运动员 W 的良好放松状态与比赛成绩呈正相关。

运动员 W 的心理状态是有点疲劳、很放松、注意力和兴奋度适中,是大赛前良好的心理放松状态,说明比赛对其产生适宜的刺激,队员 W 从预赛的第一名到决赛还是第一名,从这一点来看,他良好的心理状态与比赛成绩呈正相关。

③ 运动员 G 的过度紧张状态与比赛成绩呈负相关。

运动员 G 的心理状态是不疲劳、放松程度很低、注意力和兴奋度过高,比其他三名队员都高,这是一种过度紧张的心理状态,说明比赛对其产生了很大的刺激。队员 W 从预赛的第四名到决赛却是第八名成绩,可以看出他的放松与比赛成绩呈负相关。

④ 运动员 X 的良好紧张状态与比赛成绩呈正相关。

运动员 X 的心理状态是不疲劳、比较放松、注意力适中、兴奋波较其他三人都高,最大值和最小值间的波动不大,说明队员 X 比较兴奋但也比较放松,是良好的比赛唤醒水平,良好的运动焦虑状态。队员 X 从预赛的第四名到决赛的第一名成绩,从这一点来看,他的放松程度与比赛成绩呈正相关。

综上所述,武术运动员的心理放松程度与比赛成绩呈倒 U 形关系,如图 6-1 所示,符合运动焦虑理论中的倒 U 形假说。

运动焦虑是指运动员在训练和比赛中对当前的或预计到对自尊心有潜在威胁的情境具有

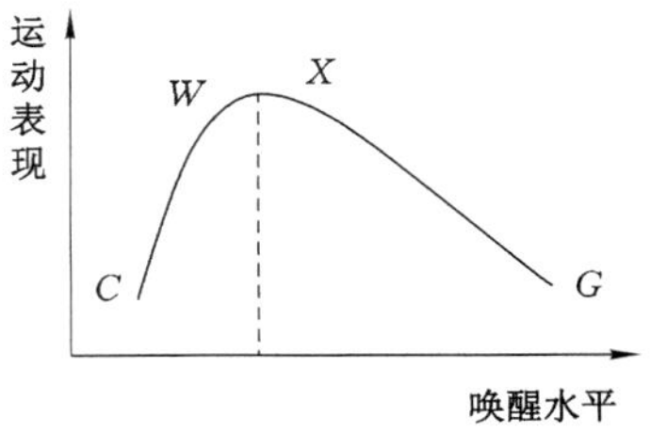

图 6-1　倒 U 形假说

的担忧倾向。根据倒U形假说,唤醒水平与操作成绩呈倒U形相关关系,即特别高和特别低的唤醒水平都不利于操作,只有中等水平的唤醒有助于操作。

在武术比赛过程中,运动员心理状态直接影响着比赛成绩。对运动员来说,怎样调整比赛过程中的心理状态,使其能够稳定地发挥出应有的训练水平是取得良好比赛成绩的关键。

第7章　研究展望

（1）心境的改善程度并不总是与训练质量的提高幅度和比赛成绩一致。

例如，队员C心理调控后心境的改善程度是四名被试中最大的，可是训练质量的提高幅度却是四人中最小的，比赛成绩也不是很理想；队员X心境的改善程度是四人中最小的，但训练质量提高幅度在四人中却是较大的，而且比赛成绩的提高幅度也是最大的。作者推测，在心境与训练质量和比赛成绩的关系上，心理调控介入之后的效果受其他重要变量的影响，如被试心境的基线水平、被试的已有训练水平和训练质量、被试的个性因素、环境因素等，这种推测有待于日后的研究证实。

（2）应对方式的改善程度与比赛成绩的提高幅度一致。

队员W、X心理调控之后应对方式的改善程度是最大的，而比赛成绩的提高幅度也是最大的。作者推测，应对方式是影响比赛成绩的重要变量，这种推测有待于日后的研究进一步证实。

（3）通过心理调控改善心境，对心理放松有一定程度的影响。

生物反馈显示的运动员心理放松程度与心境状态测试结果一致，即从生物反馈的角度证明了心境测量的准确性。由于本研究没有被试心理放松程度的实验前测数据，因此不能明确证明心境的改善可以提高心理放松程度，但根据作者对整个实验过程的把握，仍然存在以下推测：心理放松程度除了受心理放松技能训练的影响外，通过心理调控改善心境对心理放松仍有一定程度的影响，这种推测有待于日后的研究进一步证实。

（4）主场效应下的消极观众效应提高了实验后测标准。

城运会预赛在石家庄举行，运动员在“只要进入决赛就行”的目标号召下以一种非常轻松的心态参加预赛。四名运动员都获得了非常出色的成绩，其中队员W拿到了预赛的冠军，这是大家都没有预料到的。而决赛是在主场——武汉举行，进入决赛备战期，获得金牌的呼声已经白热化，有关领导甚至定下了“稳一夺三”的目标(稳拿一块金牌,争夺三块金牌)。运动员在这种情况下参加城运会决赛,其压力水平高于预赛。

由于武汉队预赛成绩出色和举办单位的大力宣传,决赛当天整个体育场被当地的居民和学生围得水泄不通,观众对这次比赛中的武汉队的实力充满了信心。武汉队运动员一上场,观众自发的呐喊声震耳欲聋,殊不知这对于需要入静才能进入竞技状态的武术项目产生巨大的干扰,是消极的观众效应。首先上场的队员C、G发挥失误,险些未能保住预赛成绩。由于观众都是自发为武汉队呐喊加油,现场的观众气氛根本无法控制。消极的观众效应再次加大了运动员的心理压力。

无论是主场效应还是观众效应,对运动员都起到很大的抑制作用,这无疑提高了实验后测标准。

(5)方法学上的问题。

本研究属于心理学研究中的小样本范式,传统理论认为小样本研究范式应包括三个阶段:① 确定研究对象的行为基线或反应方式;② 操纵自变量,观察和记录因变量的变化;③ 撤除自变量,继续观测因变量的情况。但运动心理学的应用研究往往同时也是一种应用服务,研究范式就会受制于对当事人的利益保护。理论上提出的小样本范式的第三阶段在应用服务实践中往往难以实施。如本研究在心理调控介入并看到实际效果后,若撤除心理干预,则可能导致运动员与教练员的利益受损害(破坏对即将到来的城运会决赛的准备状态),这也违背了运动心理学职业伦理规范。目前国际运动心理学界对直接向高水平运动员进行现场干预的研究,在要求提供其他可能匹配的评价数据(如本研究的社会效度方面的数据)基础上,已经接受不包含第三阶段的小样本研究范式。因此,本研究也采用了没有第三阶段的研究范式。

(6)研究的局限性。

本研究存在一些局限性:

首先,实验条件不能控制,即主场效应和消极的观众效应,对运动员起到很大的抑制作用,使运动员决赛所受到的干扰和压力比预赛大得多。即实验前测和实验后侧的实验条件不同,而这种实验条件是不能控制和改变的。

其次,因变量的取样。本研究采用训练课中的测验得分和成功率来反映训练质量,虽然测验得分也包含了动作难度系数和成套动作成功率这样的客观指标,但总体来说还是教练员的主观评定指标占主导。对于武术这样的难美类项目来说,要完全采纳客观指标来评价训练质量不太可能。将一些评价指标细化,更多地增加客观性只能在以后的研究中尝试。

再者,没有取到心理放松程度的实验前测数据,因此不能证明通过心理调控改善心境和提高心理放松的程度是一个很大的遗憾,这有待于在日后的研究中进一步完善。

附　　录

附录1　简式POMS

请从附录表1形容词中选出一个来表达你在今天这堂训练课中的感受。对于每一个形容词,只能在右侧五种选择中选出符合您实际感受的,并在相应的小方块内打"√"。谢谢合作!

附录表1

	几乎没有	有一点	适中	相当多	非常多
1. 紧张的	○	○	○	○	○
2. 生气的	○	○	○	○	○
3. 无精打采的	○	○	○	○	○
4. 不快活的	○	○	○	○	○
5. 轻松愉快的	○	○	○	○	○
6. 慌乱的	○	○	○	○	○
7. 为难的	○	○	○	○	○
8. 心烦意乱的	○	○	○	○	○
9. 气坏的	○	○	○	○	○
10. 劳累的	○	○	○	○	○
11. 悲伤的	○	○	○	○	○
12. 精神饱满的	○	○	○	○	○
13. 注意力集中不了的	○	○	○	○	○
14. 自信的	○	○	○	○	○
15. 内心不安的	○	○	○	○	○
16. 气恼的	○	○	○	○	○

附录表 1(续)

17. 精疲力尽的	○	○	○	○	○
18. 沮丧的	○	○	○	○	○
19. 主动积极的	○	○	○	○	○
20. 慌张的	○	○	○	○	○
21. 坐卧不安的	○	○	○	○	○
22. 烦恼的	○	○	○	○	○
23. 倦怠的	○	○	○	○	○
24. 忧郁的	○	○	○	○	○
25. 兴致勃勃的	○	○	○	○	○
26. 健忘的	○	○	○	○	○
27. 有能力感的	○	○	○	○	○
28. 易激动的	○	○	○	○	○
29. 愤怒的	○	○	○	○	○
30. 疲惫不堪的	○	○	○	○	○
31. 毫无价值的	○	○	○	○	○
32. 富有活力的	○	○	○	○	○
33. 有不确定感的	○	○	○	○	○
34. 满意的	○	○	○	○	○
35. 担忧的	○	○	○	○	○
36. 狂怒的	○	○	○	○	○
37. 抱怨的	○	○	○	○	○
38. 孤弱无助的	○	○	○	○	○
39. 劲头十足的	○	○	○	○	○
40. 自豪的	○	○	○	○	○

姓名：________日期：________

附录 2　教练员实践评估问卷

请您根据下列问题如实回答，分值越高表明越持积极肯定的看法。

选项有：1＝几乎没有，2＝有一点，3＝适中，4＝相当多，5＝非常多。

1. 在比赛前的心理训练期间，您认为该队员对训练的投入是否有所增加？（1，2，3，4，5）

2. 您认为心理训练对该队员的训练质量是否有所提高？（1，2，3，4，5）

3. 您认为心理训练对该队员的心境是否有所改善？（1，2，3，4，5）

4. 您认为心理训练对该队员关于训练/比赛的应对方式是否有所改变？（1，2，3，4，5）

5. 您对整个心理训练的安排、形式、具体内容及定时评定等方面可接受的程度如何？（1，2，3，4，5）

6. 您对该队员比赛发挥的满意程度如何？（1，2，3，4，5）

附录3　运动员实践评估问卷

请您根据下列问题如实回答，分值越高表明越持积极肯定的看法。

选项有：1＝几乎没有，2＝有一点，3＝适中，4＝相当多，5＝非常地。

1. 在比赛前的心理训练期间，您对训练的投入是否有所增加？ (1,2,3,4,5)

2. 心理训练对您的训练质量是否有所改善？ (1,2,3,4,5)

3. 心理训练对您的心境是否有所改善？ (1,2,3,4,5)

4. 心理训练对您关于训练/比赛的应对方式是否有所改变？ (1,2,3,4,5)

5. 您对整个心理训练的安排、形式、具体内容及定时评定等方面可接受的程度如何？ (1,2,3,4,5)

6. 您对比赛发挥的满意程度如何？ (1,2,3,4,5)

附录 4　运动员 COPE 量表

运动员在日常生活、训练或比赛之中会遇到各种令人烦恼和使人紧张的事情。当您遇到这些问题时一般是怎样做的呢？附录表 2 列举了各种做法，请您根据本人的实际情况在每一题后面相应的数字后打“√”。“1”代表从不这样做，“2”代表有时这样做，“3”代表经常这样做，“4”代表总是这样做。注意：所有题目无正确错误之分，回答问题时不要管别人如何做，只考虑自己在一般情况下的做法。

例如：我经常向他人诉说我的感受　　1　　2　　3√　　4

我有时从他人那儿寻求同情和理解　　1　　2√　　3　　4

附录表 2

	从不	有时	经常	总是
1. 我按部就班做些该做的事来摆脱困境。	1	2	3	4
2. 我泰然自若，好像事情并未发生。	1	2	3	4
3. 我比平时更多地进行祈祷。	1	2	3	4
4. 我干脆放弃既定的目标。	1	2	3	4
5. 我求助于上帝或神灵保佑。	1	2	3	4
6. 我尽量以积极的态度看待面临的问题。	1	2	3	4
7. 我采取克制的态度，不急于行动。	1	2	3	4
8. 我排除其他思想或活动的干扰，集中精力解决面临的问题。	1	2	3	4
9. 我在条件允许的情况下才针对问题采取行动。	1	2	3	4
10. 我从他人那儿寻求同情和理解。	1	2	3	4
11. 我装作事情并未真的发生。	1	2	3	4
12. 我与那些熟悉此类情况的人进行商讨。	1	2	3	4
13. 我确保不因过快采取行动而使问题恶化。	1	2	3	4
14. 我接受既成的事实。	1	2	3	4
15. 我仔细考虑采取什么步骤来解决问题。	1	2	3	4
16. 我沉溺于幻想中，不去考虑面临的困扰。	1	2	3	4
17. 我去看电影或电视等，以便更少考虑面临的问题。	1	2	3	4
18. 我与他人一起谈论我的感受。	1	2	3	4

附录表 2(续)

19. 我用各种方式来发泄自己的情感。	1	2	3	4
20. 我尽量阻止其他事情来干扰我解决问题。	1	2	3	4
21. 我惯于接受既成的事实。	1	2	3	4
22. 我向他人诉说我的感受。	1	2	3	4
23. 我投入到学习或其他活动中去,使自己不去想那些事情。	1	2	3	4
24. 我尽量从我信仰的宗教中寻求安慰。	1	2	3	4
25. 我尽量从朋友或亲戚那儿获得情感上的支持。	1	2	3	4
26. 我把其他事情暂时放在一边,集中精力处理面临的问题。	1	2	3	4
27. 我制定一个行动计划来对付面临的问题。	1	2	3	4
28. 我努力向他人打听该做些什么。	1	2	3	4
29. 我强迫自己到最佳时机再采取行动。	1	2	3	4
30. 我专门采取行动来摆脱面临的困境。	1	2	3	4
31. 我能真正感觉到自己变得心烦意乱起来。	1	2	3	4
32. 我向有类似经历的人请教,看他们是怎样做的。	1	2	3	4
33. 我变得心烦意乱,并发泄自己的情绪。	1	2	3	4
34. 我把希望寄托在命运或上帝身上。	1	2	3	4
35. 我采取直接的行动来解决问题。	1	2	3	4
36. 我从正在发生的事情中寻求积极因素。	1	2	3	4
37. 我与他人进行交谈,以了解问题的更多情况。	1	2	3	4
38. 我比平时睡觉更多。	1	2	3	4
39. 我学会接受面临的问题。	1	2	3	4
40. 我考虑得出一个处理问题的最佳方案。	1	2	3	4
41. 我减少解决问题的行动。	1	2	3	4
42. 我对自己说"这不是真的"。	1	2	3	4
43. 我承认事情已经发生了,并认为它是无法改变的。	1	2	3	4
44. 我非常苦恼,并尽量表达出来。	1	2	3	4
45. 我不相信问题已经发生。	1	2	3	4

姓名:________日期:________

附录5　训练策略量表

指导语：以下是关于您在训练中一些内容（附录表3）出现的频率，仔细阅读每个条目，并根据您在平时的训练中自己的情况，在合适的数字后打“√”。请不要有任何顾虑，您的回答没有正确或错误之分，谢谢！（其中：1＝从来不，2＝极少，3＝有时，4＝经常，5＝总是出现）

附录表3

	从来不	极少	有时	经常	总是
1. 有效地利用自我谈话。	1	2	3	4	5
2. 练习一种放松方法。	1	2	3	4	5
3. 动作和技能看上去很自然、流畅。	1	2	3	4	5
4. 对自己说些话，帮助提高训练成绩。	1	2	3	4	5
5. 当事情进展不顺利时，感到很烦恼。	1	2	3	4	5
6. 整个技能和动作很自然地发生，不需要自己注意技能的每一个部分。	1	2	3	4	5
7. 在教学测验中很难激发自己的活力。	1	2	3	4	5
8. 训练时注意力无法集中。	1	2	3	4	5
9. 为帮助自己能更加有效地利用训练时间，制定目标。	1	2	3	4	5
10. 在训练时能够控制住使我分心的想法。	1	2	3	4	5
11. 当我精神不振时，很难动员自己兴奋起来。	1	2	3	4	5
12. 想象过去成功的动作。	1	2	3	4	5
13. 通过积极的自我谈话激发自己训练。	1	2	3	4	5
14. 教学测验课上使用放松技巧。	1	2	3	4	5
15. 训练中学习如何动员自己兴奋起来。	1	2	3	4	5
16. 不为训练制定目标，只要训练即可。	1	2	3	4	5
17. 当事情变糟糕时，我无法控制自己的情绪。	1	2	3	4	5
18. 利用训练时间练习放松技术。	1	2	3	4	5
19. 当训练不是很顺利时，感到灰心丧气和不安。	1	2	3	4	5
20. 在大脑中演练自己的动作。	1	2	3	4	5
21. 不去想动作太多，只是让动作发生。	1	2	3	4	5

附录表 3(续)

22. 训练中放松自己。	1	2	3	4	5
23. 非常具体的目标。	1	2	3	4	5
24. 制定切合实际的同时富有挑战性的目标。	1	2	3	4	5
25. 很难在长时间训练中始终保持注意力集中。	1	2	3	4	5
26. 积极地说些话使自己能够在训练中达到最佳效果。	1	2	3	4	5
27. 在训练课中练习如何使自己充满活力。	1	2	3	4	5
28. 训练课中一切都很顺畅。	1	2	3	4	5
29. 当我动作糟糕时,我无法注意力集中。	1	2	3	4	5
30. 当我想象自己的动作时,想象当时的各种感受。	1	2	3	4	5
31. 有效地集中注意力。	1	2	3	4	5
32. 当我想象自己的动作时,就好像看电影似的看自己在屏幕上表演。	1	2	3	4	5

姓名:________测试日期:________

附录6 竞赛策略量表

指导语：以下是关于您在比赛中一些内容（附录表4）出现的频率，仔细阅读每个条目，并根据您在比赛中自己的情况，在合适的数字后面画“√”。请不要有任何顾虑，您的回答没有正确或错误之分，谢谢！（其中：1＝从来不，2＝极少，3＝有时，4＝经常，5＝总是出现）

附录表4

	从来不	极少	有时	经常	总是出现
1. 激发自己的活力，使自己处于最佳状态。	1	2	3	4	5
2. 想象自己振作起来。	1	2	3	4	5
3. 在脑中想象比赛正按着自己所希望的进行着。	1	2	3	4	5
4. 在脑中预演一下动作。	1	2	3	4	5
5. 心里感到不安时，我能够放松下来。	1	2	3	4	5
6. 有效地控制自我谈话。	1	2	3	4	5
7. 在想象中预演一下做动作时的感觉。	1	2	3	4	5
8. 制定了非常明确的目标。	1	2	3	4	5
9. 说一些对自己更好比赛有关的提示语。	1	2	3	4	5
10. 当身体紧张得肌肉僵硬时，发现自己很难放松下来。	1	2	3	4	5
11. 积极地说些话使自己能够在比赛中发挥出最佳竞技水平。	1	2	3	4	5
12. 在压力下情绪失控。	1	2	3	4	5
13. 制定了个人表现目标。	1	2	3	4	5
14. 当有压力时，知道自己该用什么方法减压。	1	2	3	4	5
15. 评价自己是否取得了比赛目标。	1	2	3	4	5
16. 使自己兴奋起来，准备比赛。	1	2	3	4	5
17. 当有些事情使我不安，会影响到我的成绩。	1	2	3	4	5
18. 在必要的时候，提高自己的活力水平。	1	2	3	4	5
19. 想到失败。	1	2	3	4	5
20. 非常自然地做出动作。	1	2	3	4	5

附录表 4(续)

21. 制定了明确的结果目标。	1	2	3	4	5
22. 说一些特定暗示语来帮助自己比赛。	1	2	3	4	5
23. 自我谈话很消极。	1	2	3	4	5
24. 如果需要的话,我能够放松以准备比赛。	1	2	3	4	5
25. 不需要一点意识的努力,动作完成好像是一种本能性的行为。	1	2	3	4	5
26. 不良情绪使我在比赛中不能发挥出最佳水平。	1	2	3	4	5
27. 保持积极向上的想法。	1	2	3	4	5
28. 做一些使自己兴奋起来的事。	1	2	3	4	5
29. 犯了点失误,很难使自己注意力重新集中在当前比赛上。	1	2	3	4	5
30. 不去想动作太多,只是让动作发生。	1	2	3	4	5
31. 做动作不需要大脑有意识地去想它该如何做。	1	2	3	4	5
32. 比赛前在脑海中想象动作。	1	2	3	4	5

姓名:________测试日期:________

附录 7　Spirit-8 心理放松常模

附录表 5

波幅/μV	频率/Hz			
	θ(4～8) 疲劳，恍惚波	α(8～12) 放松波	SMR(12～15) 注意力波	β(15～36) 激动，兴奋波
<10	不疲劳	不放松	注意力涣散	不激动
10～15	有点疲劳	有点放松	有点注意力	有点激动
15～20	比较疲劳	比较放松	较好的注意力	比较激动
>20	很疲劳	很放松	很好的注意力	很激动

参考文献

[1] 姚晋宏.浅析大学武术运动员的赛前心理训练方法[J].当代体育科技,2013,3(8):10,12.

[2] 房蕊,张勇.青少年武术运动员赛前情绪应对方式研究[J].北京体育大学学报,2010,33(10):139-141.

[3] 王智明,庞岩.高水平运动员心理训练进展研究[J].辽宁工业大学学报(社会科学版),2016,18(2):140-142.

[4] 邱宜均,刘先敏,王斌,等.20世纪80～90年代中国运动心理学研究与发展述评[J].沈阳体育学院学报,2003,22(1):47-50.

[5] 谢友成.放松训练在运动领域的研究现状和发展方向[J].当代教育实践与教学研究,2016(7):246.

[6] 邱芬,姚家新.现代运动心理技能训练研究现状及未来走向[J].武汉体育学院学报,2007,41(2):44-48.

[7] 邵斌,吴南菲.大赛前高水平运动员心理压力的成因研究[J].上海体育学院学报,2003,27(3):49-53.

[8] 翟丰.运动心理技能的特征及其训练的现状[J].山东体育科技,2001,23(1):24-25,23.

[9] 施学哲,马迪.心理训练如何专项化-以武术套路的日常训练为例[J].运动,2014(14):43-44.

[10] 张婷婷.优秀太极拳运动员赛前心理特征分析及心理调控对策研究[D].西安:西安体育学院,2013.

[11] 陈鹏.传统武术比赛运动员赛前心理状态分析与调控[J].漯河职业技术学院学报,2013,12(5):188-189.

[12] 康雕.心理训练对高职院校武术运动员成绩影响的研究[J].课程教育研究,2016,24(8):223-224.

[13] 颉霖.高水平武术套路运动员大赛前最佳竞技状态的调控[J].搏击(武术科学),2007(6):43-46.

[14] 于修涛.武术搏击运动员心理素质训练研究[J].商丘师范学院学报,2012(9):119-125.

[15] 张永龙,陈国瑞,尹晓亮,等.运动员紧张情绪的缘起与调控[J].淮北师范大学学报(自然科学版),2013,9(3):66-69.

[16] 姚艳平,杨萌,张根生.青少年运动员赛前心理障碍致因及解决办法[J].搏击(体育论坛),2011(11):65-66,89.

[17] 刘玉倩,赵斌.提高竞赛期间运动员心理调节能力的方法[J].河北体育学院学报,2001,15(1):69-70,73.

[18] 赵龙.武术(套路)比赛中运动员不良心态及心理训练方法研究[J].经济研究导刊,2012(32):229-230.

[19] 相昌庆.福建省青少年散打运动员赛前情绪的分析[J].闽南师范大学学报(自然科学版),2019,32(1):89-93.

[20] 朱宁.武术运动员比赛中的怯场对策研究[J].吉林体育学院学报,2005(2):138,142.

[21] 符木红.高校武术运动员赛前心理调整的研究[J].运动,2017(3):49,52.

[22] 杨如丽,周英.武术运动员心理放松的练习方法[J].南京体育学院学报(自然科学版),2004,3(3):57-59,69.

[23] 刘宝玉.影响武术套路运动员比赛情绪的心理训练[J].北京体育大学学报,2006,29(1):58-59.

[24] 刘建国.竞技武术套路运动员赛前心理学问题之研究[J].曲阜师范大学学报(自然科学版),2011,37(1):85-88.

[25] 马启伟.体育心理学[M].北京:高等教育出版社,1996.

[26] DAVID G MCDOALD,JAMES A HODGDON. Psychological effects of aerobic fitness training[M]. New York:Springer,1991.

[27] 彭袝龄.普通心理学[M].第5版.北京:北京师范大学出版社,2019.

[28] 彭彩丽.不同锻炼方式对女大学生主观用力感觉及心境影响的对比研究[D].武汉:武汉体育学院,2018.

[29] MORGAN W P. Psychological components of effort sense[J]. Med. sports exercise,1994,26(9):1071-1077.

[30] TUSON K M,SINVOR D,PELLETIER L G. Acute exercise and positive affcet: An investigation of psychological process leading to affective change[J]. International journal of sport psychology, 1995, 26 (1): 138-159.

[31] CSIKAZENTMIHALYI M. Toward a psychology of optimal experience [J]. Flow and the foundations of positive psychology,2014:13-36.

[32] MORGAN W P. Test of champions:The iceberg profile. Olympic athletes display a superior pattern of scores on tests of mental health[J]. Psychology today,1980,14(2):92-93,97-99,102,108.

[33] MCNAIR D M, LORR M, DROPPLEMAN L F. Manual for the profile of mood states[M]. San Dieg:Educational and industrial Testing Services,1971.

[34] MORGAN W P. Redution of state anxiety follwing acute physical acitivity[M]. Washington:Henisphere Publishing Corpooration,1987.

[35] MORGON W P. Affective beneficence of vigorous physical activity[J]. Medicine and science in sports and exercise,1985,17(1):94-100.

[36] BENSON H,KOTCH J B,GASSWELLER K D,et al. Historical and clinical considerations of the relaxation response[J]. American scientist, 1977,65(4):441-445.

[37] BERGER B G,FRIEDMANN E,EATON M. Comparison of jogging,the relaxation response,and group interaction for stress reduction [J]. Journal of sport and exercise psychology,1988,10(4):431-447.

[38] BERGER B G,OWEN D R. Mood alteration with swimming:a reevaluation[M]//VELDEN L V,HUMPHREY J H. Psychology and sociology of sport. New York:AMS Press,1987:97-113.

[39] BERGER B G,OWEN D R. Mood alteration with swimming:swimmers really do “feel better”[J]. Psychosomatic medicine,1983,45(5):425-433.

[40] BERGER B G,OWEN D R. Stress reduction and mood enhancement in four exercise modes:swimming,body conditioning,hatha yoga,and fencing[J]. Research quarterly for exercise and sport,1988,59(2):148-159.

[41] A RNHEIM D D,PRENTICE W E. Modern principles of athletic training(6th ed.)[M]. St. Louis,MO:Time Mirror/Mosby College Publishing,1985.

[42] 刘涛,刘晓蕾,郭伊纳,等. 正念心理训练干预武术套路效果评价研究:以香港武术队为例[J]. 成都体育学院学报,2016,42(5):88-92,106.

[43] 祝蓓里. POMS量表及简式中国常模简介[J]. 天津体育学院学报,1995,10(1):35-37.

[44] 珀文 L A. 人格科学[M]. 周荣,等译. 上海:华东师范大学出版社,2001.

[45] 王洪彪. 运动领域中的应对:概念、测量与相关变量[J]. 南京体育学院学报(自然科学版),2014,13(5):1-12.

[46] 王文,何少颖. 运动员应激应对与其相关因素的分析[J]. 福建广播电视大学学报,2017(3):23-28.

[47] 吴敏,王斌. 运动员压力应对:概念、理论模型、影响因素及展望[J]. 哈尔滨体育学院学报,2016,34(1):17-23.

[48] 崔建,陈广红,张廷安. 足球运动员比赛应对方式特点的研究[J]. 北京体育大学学报,2015,38(5):141-145.

[49] LAZARUS R S, FOLKMAN S, LAZARUS R. Stress, appraisal, and coping[M]. New York: Springer Publishing Company, 1984.

[50] 俞磊. 应付的理论研究思路和应用[J]. 心理科学,1994,17(3):169-174.

[51] 姜乾金. 医学心理学:理论、方法与临床[M]. 北京:人民卫生出版社,2012.

[52] SHELLEY E. TAYLOR. 健康心理学[M]. 朱熊兆,唐秋萍,蚁金瑶,译. 北京:中国人民大学出版社,2012.

[53] BILLINGS A G, MOOS R H. The role of coping responses and social resourcesin attenuating the stress of life events[J]. Journal of behavioral medicine, 1981, 4(2): 139-157.

[54] 赵耕源,黄铎香. 医学心理学概论[M]. 广州:广东高等教育出版社,1991:62-67.

[55] 姜乾金,黄丽,卢抗生,等. 心理应激:应对的分类与心身健康[J]. 中国心理卫生杂志,1993,7(4):145-147.

[56] 叶一舵,申艳娥. 应对及应对方式研究综述[J]. 心理科学,2002,25(6):755-756.

[57] 解缤. 应对的理论研究及其在运动领域的应用现状和发展方向[J]. 体育成人教育学刊,2006,22(3):50-53.

[58] CLARK A A, HOVANITZ C A. Dimensions of coping that contribute to

psychopathology[J]. Journal of clinical psychology,1989,45(1):28-36.

[59] 詹东. 第 13 届亚运会科学大会综述[J]. 体育科学,1999,19(3):92-93.

[60] 张力为. "2013 年世界运动心理学大会"专栏导读[J]. 北京体育大学学报,2013(9):41.

[61] 胡志. 竞技体育中应重视和加强应对研究[J]. 成都体育学院学报,2004,30(1):43-46.

[62] HRYCAIKO D,MARTIN G L. Applied research studies with single-subject designs:why so few? [J]. Journal of applied sport psychology,1996,8(2):183-199.

[63] 张力为,任未多. 体育运动心理学研究进展[M]. 北京:高等教育出版社,2000.

[64] BARLOW D H,HERSEN M. Single case experimental designs:strategies for studying behaviour change(2nd ed.)[M]. New York:Pergamon,1984.

[65] 沈鹤军. 优秀运动员心理干预的实证研究[J]. 南京体育学院学报(社会科学版),2011,25(12):120-124.

[66] ABELE A,BREHM W. Mood effects of exercise versus sports games:findings and implications for well-being and health[J]. International review of health psychology,1993(2):53-80.